北海道で育てる

バラ

石渡杏奈　監修 工藤敏博

はじめに

　私とバラとの出合いは、園芸に携わりたいと思い飛びついた、バラの専門店の販売員の仕事でした。

　当時はバラという植物に無知で、まだ芽吹く前のたくさんのバラ苗を前に、何から勉強すればよいのかもわかりませんでした。日々バラと接するなかで、その華やかさやたくましさ、多様性を知り、次第にこんなに多彩な花木は他にはないと感じるようになりました。

　バラは長寿の植物です。ぜひ、皆さんの庭にぴったりのバラを見つけてじっくり長く育ててもらいたいと思っています。

　少々堅苦しい内容もありますが、この本が、北海道のバラづくりの魅力を知るきっかけや、少しでも北海道のガーデナーのお手伝いになればうれしく思います。

石渡　杏奈

もくじ

はじめに 2
この本の使い方 6

第1章　バラの適正　──北海道に適したバラは？── 7
　　北海道の有利性 8
　　越冬の問題 14
　　北海道の気候に適した系統と特徴 22
　　北海道でおすすめの系統 26

第2章　バラの使い方　──バラが咲く場面を思い描いてみよう── 43
　　バラにはいろんな樹形がある 44
　　花形や香りの魅力 58
　　花色・色合わせ 60
　　どんな環境か・どう仕立てるか 62

第3章　バラの育て方　──管理のポイントをおさえよう── 71
　　バラってどんな植物？ 72
　　栽培管理・開花スケジュール 82
　　春先の作業 84
　　土壌について 86
　　土壌改良のポイント 93

苗木を購入する	111
苗木の植え付け	116
移植	122
剪定	124
誘引	137
施肥	140
病虫害と対策	144
日常の管理	162
摘蕾	164
花がら切り	166
シュートの処理	168
バラの夏越し	171
越冬	173
バラの増殖	178

系統早見表	182
本書に出てくる用語解説	184
参考文献・協力	186

この本の使い方

　本書は、北海道におけるバラづくりの方法を紹介します。第1章と第2章はバラを育てるための準備、第3章では実際の作業の目的と内容を解説しています。

第1章の見方
　北海道の気候や風土からバラづくりに有利な点や気をつけること、北海道の気候に適した系統とその特徴を紹介します。北海道は地域によって条件が大きく異なるため、気候別に四つのエリアに分けました。**このエリアは巻末の系統早見表の植栽可能エリアとリンク**しています。

第2章の見方
　実際に庭にバラを植える場面を思い描いて、バラを樹形のタイプで系統を分類し、どのようにバラを選んだらよいのかを解説しています。
　巻末の系統早見表は、植栽用途と、第1章で解説したどの地域でどの系統が植栽可能かをまとめたものです。系統選びの参考にしてみてください。

第3章の見方
　バラの一生と1年のサイクルを、そしてバラがどのようにして成長するのかを紹介します。P82〜83の「栽培管理・開花スケジュール」の表に沿って、実際の作業を春から順を追って解説します。

P26〜41、P44〜57の品種データの見方
　北海道でおすすめの品種と、樹形で分類した品種の「高さ」「枝張り」「開花性」「耐寒度」と主な特徴を紹介しています。

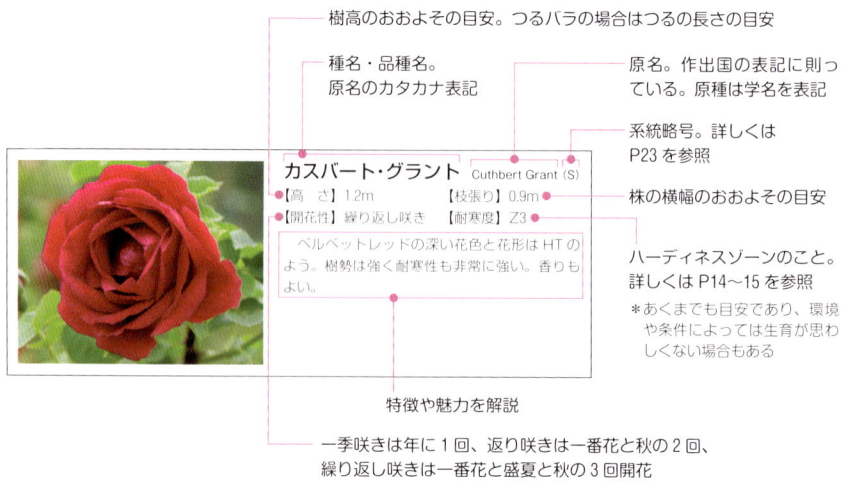

樹高のおおよその目安。つるバラの場合はつるの長さの目安

種名・品種名。
原名のカタカナ表記

原名。作出国の表記に則っている。原種は学名を表記

系統略号。詳しくはP23を参照

株の横幅のおおよその目安

ハーディネスゾーンのこと。詳しくはP14〜15を参照
＊あくまでも目安であり、環境や条件によっては生育が思わしくない場合もある

特徴や魅力を解説

一季咲きは年に1回、返り咲きは一番花と秋の2回、繰り返し咲きは一番花と盛夏と秋の3回開花

1章
バラの適正
北海道に適したバラは？

北海道の有利性

北海道でバラを育てるのはむずかしいのでは —— よく投げかけられる質問です。

北国ゆえに苦労することはありますが、実は北国だから育てやすいという面もあるのです。ここではまず、北海道だからこそバラを育てやすいという視点からその利点を紹介します。

気候の有利性

バラは暑いのが苦手

北海道は長く厳しい冬があるのでバラの栽培には向かないと思われがちですが、バラの生育適温は18〜25℃ぐらいとされており、一般的に暑さに弱い植物といわれています。鑑賞期間である春から秋にかけての生育期の気候を考えると、梅雨や熱帯夜がある本州暖地と比べ、7月でも平均気温が20℃くらいの適温で湿度も低い北海道はバラを育てやすい気候だといえます。（図1・2参照）

真夏日が少ないので夏季は休眠しない

バラは最高気温が32℃以上の日が1週間続くと生長が止まり、最低気温が7℃以下の日が続いても同様です。これは大きくなることよりも生命を維持することを優先する働きです。本州では5月の一番花の後、二番花が咲くころから暑さが厳しくなり、7〜8月にかけては月の半分以上が30℃を超える真夏日

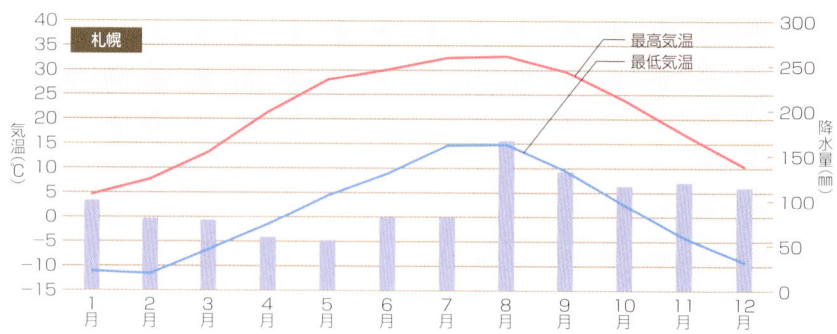

図1 札幌の年間の平均気温と平均降水量（2010〜2022年）
※気象庁の観測データをもとに作成

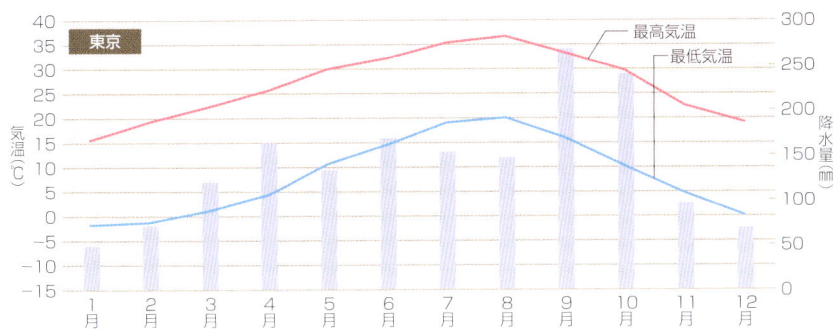

図2 東京の年間の平均気温と平均降水量（2010〜2022年）
※気象庁の観測データをもとに作成

となるので、この期間、バラはなんとか生き延びようと休眠状態になります。
　しかし、近年暑さが厳しくなってきたといっても、北海道の真夏日は本州の4分の1程度。真夏は多少生育が落ちるものの休眠に至るほどではなく、真夏でも生長することができます。

秋花が最高

　繰り返し咲き性の品種は、9月の下旬ごろからそのシーズンの最後を飾る秋花の季節を迎えます。この時期の北海道は夜温が10℃位まで低下し、日中との温度差が大きいので、花色は、たとえば一番花が白に近い淡いピンクの花でも、秋の花はシックなピンク色を楽しめるといった具合に、非常に濃く発色します。派手な印象の一番花とは違い、落ち着いた印象の秋花は質の高い花を一つひとつじっくり味わえます。一番花と秋花の違いを堪能できるのも北海道ならではなのです。

一番花 ブーケ・パルフェ（HMsk）

秋花 ブーケ・パルフェ（HMsk）

第1章　バラの適正　北海道の有利性

無農薬栽培の可能性

強い品種が求められる時代

　バラは一般的に虫がつきやすく病気にもなりやすいため、化学農薬を使わなくてはいけないというイメージを持たれています。それは、近代のバラ育種は、化学農薬での防除を前提とし、育種品種の耐病性をあまり重視していなかったことが挙げられます。「より美しく整った花形」を追求する偏った育種が繰り返されてきた結果、バラの強健性が低下してしまったのです。

　しかし、近年は健康や環境に対する配慮から、できることなら化学農薬を散布せずに安全にバラを栽培したいというロザリアンが増え、花の魅力だけでなく、より病気に強い品種が求められる時代になりました。

　野生のバラが化学農薬をかけなくても元気に生育するように、本来バラという植物は化学農薬に頼らずに生育できる強さを持っています。自然界で育つ原種を始め、そこから派生したシュラブローズなどには、化学農薬の手助けを必要としない強健な品種がたくさんあります。また、近年は耐病性を重視した品種の育種も盛んで、今後より多くの強健な品種が生まれてくることが期待されます。

病気の発生三要因

　植物が病気になるかならないかは、三つの要因とそれぞれの要因の関わり合いの程度によって決まります。

　一つ目は、病原体（主因）があるかどうか。二つ目は、その植物に病気になる素質（素因）があるかどうか、つまり、弱い性質かどうか。三つ目は、病気になりやすい環境（誘因）かどうかです。

　例えば、バラが黒星病にかかることを例に挙げてみましょう。

　大まかにいうと、主因としての黒星病の病原菌はいたるところに存在しますが、それだけではバラは黒星病になりません。素因として、そのバラが黒星病の病原菌に弱い性質であり、誘因として、

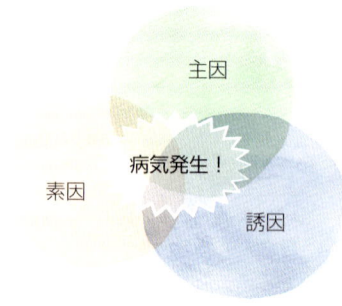

図3 病気の発生と三要因との関係

カビの一種である黒星病の病原菌が増えやすい高温多湿の環境がそろって初めてそのバラは黒星病にかかります。

近年暑くなった、雨が増えたといわれる北海道ですが、それでも本州暖地と比べればカラッと過ごしやすく、雨で葉が長時間濡れる機会が少ない気候は病気が発生しにくい気候であるといえます。

農薬を使わなければ昆虫もたくさんやってくる。写真はバレリーナ（HMsk）にやってきた蜂

化学農薬に頼らずにバラを栽培したいと思ったとき、病気に強い品種を選んだり、バラが健康に育つための栽培環境を整える努力はできても、コントロールできない環境の一つに「気候」があります。

夏の気候が暑すぎずカラッとしている北海道は、日本においていちばん無農薬でバラを育てやすい地域であり、品種の選択によってはローメンテナンスでバラを楽しむことが可能です。そんな幸運な土地に住む北海道のロザリアンには、ぜひ無農薬栽培に挑戦してほしいと思います。

このように、夏の高温期にも株が弱りにくく開花が可能な気候である北海道は、初夏から晩秋まで繰り返し咲く品種を栽培しやすいといえるのです。

第1章 バラの適正 北海道の有利性

景観との適正

洋風の趣があるバラの咲く庭（岩見沢市）

洋風の花木

　バラが咲いている場面といえば、どんな景色をイメージするでしょうか。
　石垣を覆い木製のフェンスからこぼれるように枝垂れ咲くつるバラ、バラの香りに包まれるベンチ、青々と美しい芝生を切り抜いて凛とした大輪が優雅なハイブリッド・ティー、宿根草とのコンビネーションが華やかなイングリッシュローズ……。その花や樹姿からはどこか洋風の雰囲気を感じます。

洋風の雰囲気がある北海道

　北方系の樹種が多い北海道の遠景のとがった山並みは、まるで欧米のようだとよく表現されます。開拓時代から始まった北米式のインフラ整備や丘陵地の広大な畑の風景も、どこか欧米の田舎の風景を思わせます。瓦屋根がない街なかの風景や建物も洋風の雰囲気を持っています。これらは、すべて積雪寒冷地の気候風土からうまれたものです。本州とは違うそんな北海道の風景に、洋風のバラはよく似合います。

外国のようなカントリーサイドの風景（小清水町）

塀からこぼれるように咲くバラ（岩見沢市）

第1章　バラの適正　北海道の有利性

越冬の問題

　ここまで、北海道の夏の気候はバラの生育にとって有利であるとしてきましたが、冬の気候はどうでしょうか。北海道でバラを栽培するうえで避けて通れないのが、無事に冬越しできるかどうかという問題です。ここでは、品種を選ぶ前に知っておきたい北海道の冬の気候について考えます。

各地のハーディネスゾーン　〜耐寒性の指標

　ハーディネスゾーンとは、米国農務省が採用している耐寒性の指標のことで、耐寒度ともいいます。過去の最低気温の平均値から華氏5度（°F）ごとにゾーン1〜11に区分され、数字が小さくなるほど寒くなることを表しています。北海道のように植物の耐寒性を重視する北米やカナダなどの園芸書では、植物が露地で特別な防寒設備を施さなくても冬越しできるかを判断する目安として用いられています。

　図4は北海道各地のハーディネスゾーンと、現在栽培されるバラのもとになった主な原種の耐寒度を示したものです（図5は耐寒度の指標を北海道地図に落としこんだもの）。詳しい系統については後述しますが、バラに繰り返し咲きの性質を与えたコウシンバラと剣弁高芯咲きの性質を与えたロサ・ギガンテアは、北海道の大半の地域では越冬が難しいことがわかります。大輪で剣弁高芯

ゾーンナンバー	最低気温	該当都市（多雪地域）	該当都市（少雪地域）	主な原種の耐寒度
Z3	−40℃〜−34.4℃	朝日など		ロサ・アルバ、ロサ・フォエティダ
Z4	−34.3℃〜−28.9℃	士別、名寄、占冠など	陸別など	ノイバラ、ロサ・ガリカ、ロサ・ダマスケナ、ロサ・ケンティフォリア
Z5	−28.8℃〜−23.3℃	旭川、北見、富良野、倶知安、岩見沢など	帯広、穂別、鶴居、中標津など	テリハノイバラ
Z6a	−23.2℃〜−20.6℃	月形、恵庭、羽幌、網走、小樽、厚真など	釧路、白糠、紋別、湧別など	ロサ・モスカタ
Z6b	−20.5℃〜−17.8℃	札幌、余市、留萌、真狩、稚内、羅臼など	三石、広尾、鵡川、礼文など	
Z7a	−17.7℃〜−15.0℃	函館、増毛など	苫小牧、浦河、根室など	コウシンバラ
Z7b	−14.9℃〜−12.2℃	岩内、利尻など	南茅部など	
Z8	−12.1℃〜−6.7℃		室蘭、松前、江差、えりも岬など	ロサ・ギガンテア

図4　北海道各地のハーディネスゾーンと、現在栽培されるバラのもとになった主な原種の耐寒度

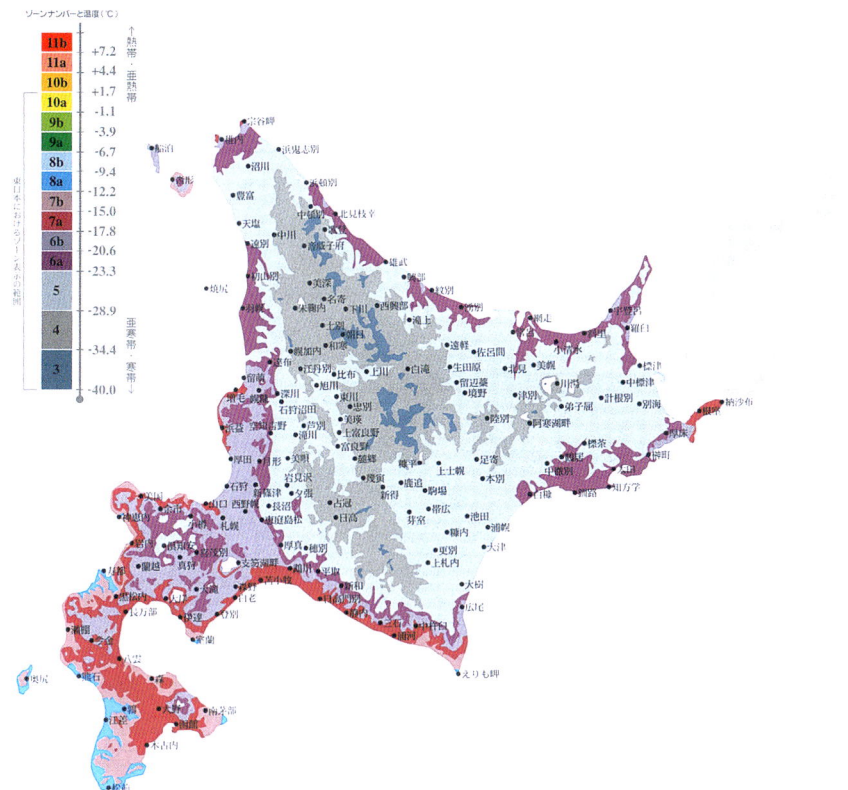

図5 北海道の耐寒性指標地図
※出典:「日本花名鑑」（植物耐寒限界ゾーン地図・東日本）アボック社

咲きのハイブリッド・ティー系などが寒さに弱いのはコウシンバラやロサ・ギガンテアの影響を強く受けているからといえます。同じ繰り返し咲き性の系統でも、コウシンバラよりもノイバラの影響を強く受けているフロリバンダ系やポリアンサ系は、比較的耐寒性が強いものが多くなっています。

　このように、気温だけでみると、現在一般的に栽培されているモダンローズの多くはコウシンバラの影響を受けているため、バラの栽培にとって北海道は冬に被害を受けるか受けないかの微妙な気候帯といえます。

偉大なる雪の恵み

　ハーディネスゾーンは気温だけで積雪は加味されていません。積雪地では雪折れのリスクはあるものの、雪の保温効果が期待できるためハーディネスを引き上げることになります。根雪前と春先の雪解け直後の寒風による枝枯れは別の問題になりますが、データ上で耐寒性が心配な品種でも、雪があることによって無事に越冬できる場合が多くなります。

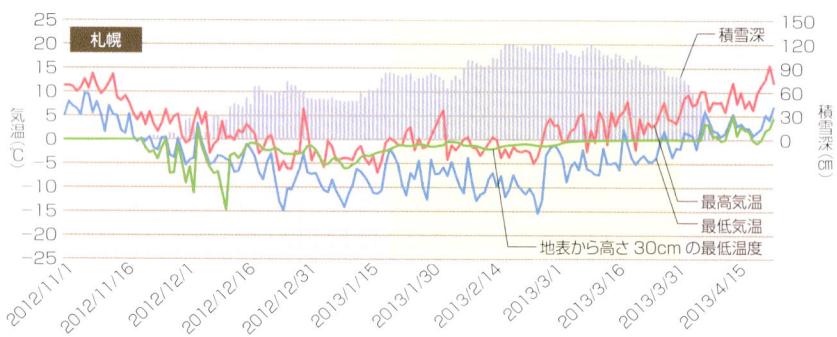

図6　札幌の雪中温度の推移と気温との比較（2012年11月〜2013年4月）
※観測データ提供：気象庁気象研究所気候研究部

　図6は札幌で地表から高さ30cm地点の雪中温度と、外気温の日最低気温の推移を計測したグラフです。外気温と比べてみると、積雪が60cm以上あるとき（グラフ中のクリーム色部分）、外気温が−15℃まで下がっても雪中温度は−1℃までにしか下がりません。このデータから、安定した積雪があれば雪中温度は外気温にあまり左右されず、おおよそ−2〜0℃の間で安定して推移することがわかります。

　このように北海道のような寒冷地においては、積雪があるかないかが越冬に大きな影響を与えるとともに、越冬対策の方法にも大きく関わってきます。

　図7は2010年の最深積雪をおとし込んだ地図です。白から青色の地域は比較的雪が少ないので、越冬対策には注意が必要になります。

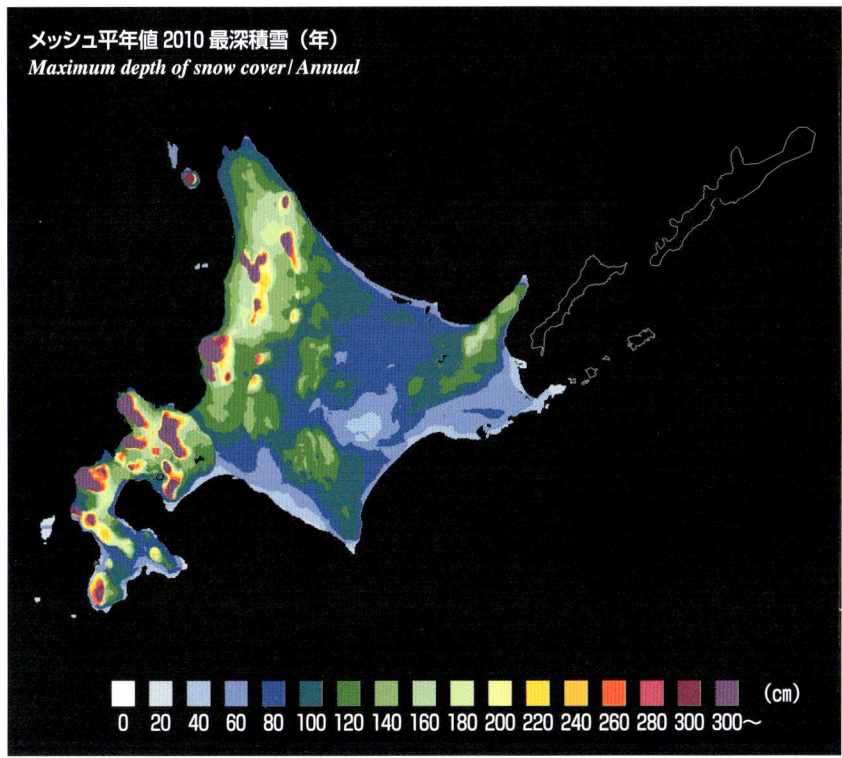

図7 北海道各地の最深積雪マップ
※出典:気象庁ホームページ
http://www.data.jma.go.jp/obd/stats/data/mdrr/atlas/snow_cover_13.pdf

北海道の気候を四つの地域に分けると

　「北海道」とひと言でいってもとても広く、地形や海流などの影響で地域によって寒さの度合いや積雪量(図8)は大きく異なります。自分が住んでいる地域の気候の特徴を知ることは、バラに限らず植物を育てるうえで重要なことです。それぞれの地域の環境にあった品種を選ぶことで結果的に管理が楽になり、気候の違いによって管理の方法や越冬対策も変わってきます。ここでは北海道の気候を大きく四つに分けて解説します。

a. 雪が少なく寒さが厳しい地域

太平洋東部内陸部（帯広、陸別など）、太平洋東部沿岸部（根室、釧路など）

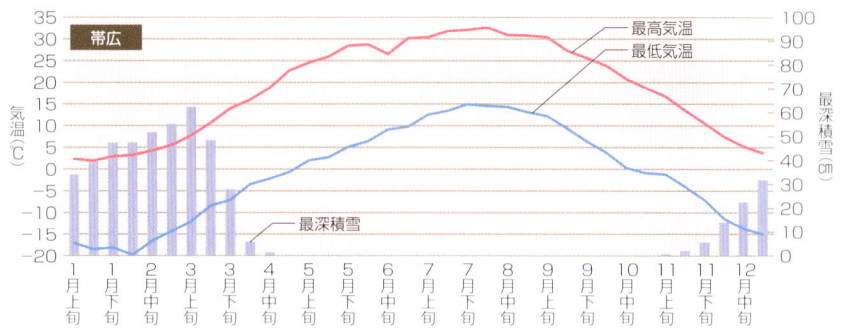

図8 帯広の年間の平均気温と平均積雪深（2010〜2022年）
※図8〜11は、気象庁の観測データをもとに作成

　冬は寒さが厳しく積雪も少ないため、枝に凍害を受けるので、耐寒性の強い品種選びと十分な寒さからの保護が必要になります。夏は内陸部は気温が高く、晴れ間も多いので生育は促進されますが、沿岸部は晴れ間が少なく気温も低いため生育が遅れることが多くなります。

b. 雪が多く寒さが厳しい地域

道北内陸部（旭川、名寄など）、オホーツク内陸部（北見、遠軽など）

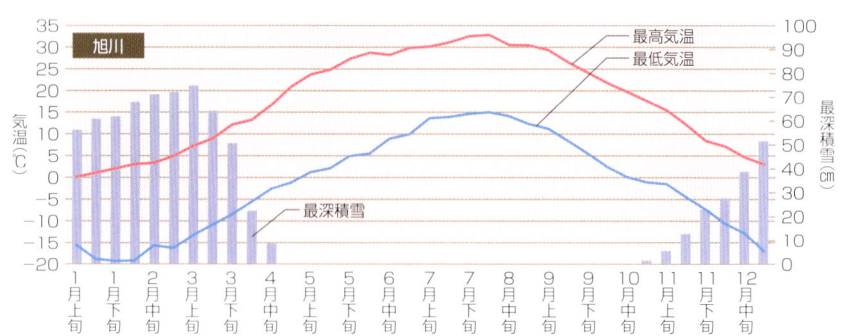

図9 旭川の年間の平均気温と平均積雪深（2010〜2022年）

積雪前、雪解け直後の気温が低く寒風害などで枝に凍害を受けやすいので、耐寒性の強い品種選びと寒さからの保護が不可欠です。積雪が多いので枝折れに対する頑丈な保護も必要になりますが、根雪になれば雪の保温効果が期待できます。夏は気温が高めで生育に影響が出る場合があります。

c. 雪が多く寒さはそれほど厳しくない地域

日本海側内陸部（札幌、岩見沢など）、日本海側沿岸部（留萌、羽幌など）、オホーツク沿岸部（網走、紋別など）

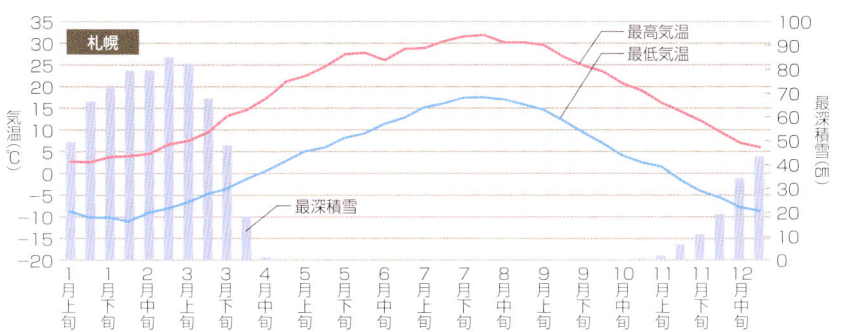

図10　札幌の年間の平均気温と平均積雪深（2010～2022年）

　モダンブッシュローズの北限的な地域。積雪量が多い地域では枝折れに対する頑丈な保護が必要になりますが、積雪による保温効果が期待できます。積雪量が多く雪解けが遅い地域は、春先に積雪下で枝が蒸れる心配があるため、寒さからの保護には通気性のよい資材を選ぶなどの配慮が必要です。夏は内陸部では日照量が多く、やや気温が高くなります。オホーツク沿岸部では、春から初夏の気温が低い年は生育が遅れる場合があります。

d. 雪が少なく温暖な地域

道南（函館、江差など）、太平洋西部沿岸部（苫小牧、室蘭など）

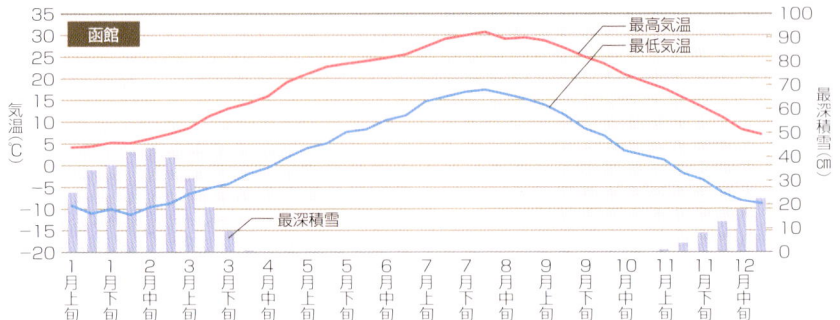

図11 函館の年間の平均気温と平均積雪深（2010～2022年）

　冬は温暖でほぼ全てのバラが安全に越冬できます。雪も少なく積雪による枝折れなどの被害も少ないので、状況によっては冬囲いの必要がない場合もあります。夏は猛暑にはならず弱りづらいですが、生育期に雨や霧が多い地域ではやや日照不足になりがちです。

微気象の違い

　たとえ同じ地域でも微妙な地形の違いなどによって、気象は大きく変わります。また、同じ町内でも、さらには同じ庭の中でも、日当たりや風通し、水はけなど環境は大きく異なります。同じ品種でも隣の庭では凍害を受けないのに、自分の庭では凍害を受けるということもよくあります。
　また、年によって気象も一定ではないので、その年の気象状況に合わせて管理を調整する必要があります。

　まずは、自分の住んでいる地域の気候を知り、そして、自分の庭の環境を知ることが、育てるバラの種類、適切な管理方法を選択する重要な手がかりになるのです。

雪が積もって枝が重そうな木々（岩見沢市）

雪がなく霜で真っ白になった芝生（苫小牧市）

第1章　バラの適正　越冬の問題

北海道の気候に適した系統と特徴

バラの系統

　アメリカ バラ協会（American Rose Society、以下ARS）によると、現在バラは25,000品種を超える園芸品種の登録があり、実際に栽培されている品種は数千に及ぶとされています。

　バラは、植物のなかでも特に種間交雑しやすく、変異が出やすい植物といえます。人為的な育種が行われるようになる以前は、自然交雑種を含むいくつかの原種をあまりはっきりと区別せずに、主に薬用や香料の採取のために栽培されていました。しかし、19世紀に入ると本格的に人為的な育種が始まり、多くの系統が生まれました。各国・各団体で分類はさまざまですが、右ページの表はARSによる系統の分類を表にしたものです。

バラのグループ

　どの系統をどのグループに入れるかの解釈はいろいろありますが、いずれもバラの系統は大きく三つのグループに分けられ、それぞれのグループのなかで

ハマナシ *R. rugosa*（Sp）　寒さに強く病虫害とも無縁。香りもよく秋に実る大きなヒップも美しい。強健で返り咲きもする。バラの原種の一つ

細かく系統が分かれています。

表1 アメリカ バラ協会（ARS）による系統の分類

グループ	系統名（略号）	
Species roses 原種	Species (Sp)	スピーシーズ
Old Garden Roses オールドローズ	Alba (A)	アルバ
	Ayrshire (Ayr)	エアシャー
	Bourbon & Climbing Bourbon (B & ClB)	ブルボン、つる性ブルボン
	Boursault (Bslt)	ブールソール
	Centifolia (C)	ケンティフォリア
	Damask (D)	ダマスク
	Hybrid Bracteata (HBc)	ハイブリッド・ブラクテアタ
	Hybrid China & Climbing Hybrid China (HCh & ClHCh)	ハイブリッド・チャイナ、つる性ハイブリッド・チャイナ
	Hybrid Eglanteria (HEg)	ハイブリッド・エグランテリア
	Hybrid Foetida (HFt)	ハイブリッド・フォエティダ
	Hybrid Gallica (HGal)	ハイブリッド・ガリカ
	Hybrid Multiflora (HMult)	ハイブリッド・ムルティフローラ
	Hybrid Perpetual & Climbing Hybrid Perpetual (HP & ClHP)	ハイブリッド・パーペチュアル、つる性ハイブリッド・パーペチュアル
	Hybrid Sempervirens (HSem)	ハイブリッド・センペルウィレンス
	Hybrid Setigera (HSet)	ハイブリッド・セティゲラ
	Hybrid Spinosissima (HSpn)	ハイブリッド・スピノシッシマ
	Miscellaneous OGRs (Misc. OGR)	ミスレイニアス・オールド・ガーデン・ローズ
	Moss & Climbing Moss (M & ClM)	モス、つる性モス
	Noisette (N)	ノワゼット
	Portland (P)	ポートランド
	Tea & Climbing Tea (T & ClT)	ティー、つる性ティー
Modern Roses 現代バラ	Floribunda & Climbing Floribunda (Fl & ClFl)	フロリバンダ、つる性フロリバンダ
	Grandiflora & Climbing Grandiflora (Gr & ClGr)	グランディフローラ、つる性グランディフローラ
	Hybrid Kordesii (HKor)	ハイブリッド・コルデシー
	Hybrid Moyesii (HMoy)	ハイブリッド・モエシー
	Hybrid Musk (HMsk)	ハイブリッド・ムスク
	Hybrid Rugosa (HRg)	ハイブリッド・ルゴサ
	Hybrid Wichuraiana (HWhich)	ハイブリッド・ウィクライアナ
	Hybrid Tea & Climbing Hybrid Tea (HT & ClHT)	ハイブリッド・ティー、つる性ハイブリッド・ティー
	Large-Flowered Climber (LCl)	ラージ・フラワード・クライマー
	Miniature & Climbing Miniature (Min & ClMin)	ミニチュア、つる性ミニチュア
	Mini-Flora (MinFl)	ミニ・フローラ
	Polyantha & Climbing Polyantha (Pol & ClPol)	ポリアンサ、つる性ポリアンサ
	Shurub (S)	シュラブ

第1章　バラの適正　北海道の気候に適した系統と特徴

23

原種のグループ

現在約120種あるとされるバラの原種の魅力は、その強健性にあります。また比較的耐陰性が強いので、植え場所の用途も広いといえるでしょう。ロサ・ギガンテアやコウシンバラ、ロサ・モスカタ、モッコウバラなどの一部の暖地性の種類を除いて、耐寒性が大変強いものが多く、北海道全域で栽培が可能です。一季咲きのものが多いことから敬遠されることもありますが、一輪一輪の花の豪華さはないものの、満開時に株全体が花に覆われる様子は大変見事です。耐病性が強いため、容易に無農薬栽培が可能です。このグループには原種交雑種も含みます。

紫玉 Shigyoku（G）
オールドローズのグループ。強い切り戻しにも耐えるが大きな茂みにして楽しみたい。オールドローズらしいダマスク香がある。19世紀後半に日本で作出されたという説もあるが定かではない

アプリコーラ Aprikola（Fl）
モダンローズのグループ。濃いアプリコットが咲き進むとピンク色に変化する。繰り返し咲き性が強く強健で病虫害と無縁。甘い香りがある

オールドローズのグループ

何といってもその豊かな香りとクラシカルな花形が魅力のオールドローズ。繰り返し咲き性のあるコウシンバラから派生したチャイナローズやティーローズなどを除き、一季咲きのものが多いものの、耐寒性や耐病性、耐陰性に優れる強健種が多くあります。モダンローズの栽培で苦労しているような場所でも容易に栽培できます。

モダンローズのグループ

ほとんどのものは、原種やオールドローズと比べると耐寒性、耐病性などが劣るものの、繰り返し咲き性、豊富な花

色、豪華な花形などが魅力のモダンローズ。越冬の問題さえクリアできれば、その連続開花性は夏に休眠しない北海道の気候でこそいかせるといえるでしょう。

> ### オールドローズとモダンローズの分岐点
> オールドローズとモダンローズの分岐点については諸説ありますが、多くは、作出年で区切るのではなく、「剣弁高芯」と「繰り返し咲き性」を栽培品種にもたらしたチャイナローズの遺伝子が入っているかどうかが基準とされています。
> つまり、重要なのは年代ではなく血統なので、オールドローズの魅力が再認識されている昨今、新しいオールドローズの品種が作出される可能性も大いにありえるといえるのです。

系統を分類しきれない複雑化した交配

近年の育種は多岐にわたってどんどん複雑化しており、これまでのように単純に血統だけでは分類しきれない品種が数多く出てくるようになりました。たとえば、モダンローズとオールドローズを交配したイングリッシュローズなどにも当てはまります。このような場合、血統ではなく樹形で分類することも増え、ブッシュ樹形のものは「ブッシュローズ」、シュラブ樹形のものは「シュラブローズ」、つる性の品種は「つるバラ」といった具合に大きなくくりで分類されます。下記は樹形でのグループ分けを表にしたものです。

表2 樹形での分類

ブッシュローズ	シュラブローズ	つるバラ
ハイブリッド・ティー	シュラブ樹形の原種、原種交雑種	ランブラー
フロリバンダ	シュラブ樹形のオールドローズ	ラージ・フラワード・クライマー
グランディフローラ	シュラブ樹形のシュラブ（＊）	ブッシュローズの枝変わりからのつるバラ
ポリアンサ		つる性の原種、原種交雑種
ミニチュア		つる性のシュラブ（＊）
ブッシュ樹形のオールドローズ		
ブッシュ樹形のシュラブ（＊）		

（＊）現在、シュラブローズとしてまとめて扱われている

北海道でおすすめの系統

ここでは北海道の気候で特におすすめの系統を紹介します。

お住まいの地域の気候によっては栽培が難しいものもあります。また、冬囲いや雪の保護があるかどうかなどでも変わってきますので、それぞれの系統のハーディネスゾーン（耐寒度）を参考にしてみてください。ただし、系統のハーディネスゾーンはあくまでも目安であり、同じ系統内でも品種によって耐寒性に幅があります。

原種 Species（Sp）

ハマナシ R. rugosa

【高　さ】1.5m　　【枝張り】1.8m
【開花性】繰り返し咲き　【耐寒度】Z2

　東アジアの海岸に広く分布。日本では北海道を中心に分布し、日本海側では鳥取県以北、太平洋側では茨城県以北に分布。学名のルゴサは「しわがある」の意味で、しわのある葉に由来している。剪定で樹高が自在に調整できるので、用途に合わせた仕立てが可能。香りもよい。

ロサ・グラウカ R. glauca（R. rubrifolia）

【高　さ】2.5m　　【枝張り】1.5m
【開花性】一季咲き　【耐寒度】Z2

　ヨーロッパの中部及び南部の山地に分布。紅紫色の枝と葉が特徴で、「スズバラ」の名で実付きの切り枝が花材として使われている。和洋どちらにも利用できる。英名は Red Leaf Rose

ノイバラ R. multiflora

【高　さ】3m　　　　　【枝張り】2m
【開花性】一季咲き　　【耐寒度】Z4

　ほぼ日本全土に自生する日本の代表種。朝鮮半島、中国にも分布。ポリアンサ、フロリバンダ、ランブラー系などのもととなる。半つる性。白色か淡桃色の一重房咲き。英名は Japanesa Rose, Baby Rose

ツクシイバラ R. multiflora var. adenochaeta

【高　さ】3m〜
【開花性】一季咲き　　【耐寒度】Z5

　九州を意味するつくし（筑紫）とイバラを合わせた和名。熊本県球磨川の流域が分布の中心。滅危惧種（Ⅱ類）に指定されている。ランブラー然とした樹形、花色の変異も多く鑑賞価値が高い。

ロサ・スピノシッシマ

R. spinosissima（R. pimpinellifolia）

【高　さ】1.8m　　　　【枝張り】1.2m
【開花性】一季咲き　　【耐寒度】Z3

　ヨーロッパから北アフリカ、西アジアの砂丘地に分布。1.5〜2mほどの枝を放射状に伸ばし、各節から短い花枝を伸ばして白色の一重花を咲かせる。ピンクや黄色の品種が多数ある。

ロサ・モエシー　R. moyesii

【高　さ】2m　　　　　【枝張り】2m
【開花性】一季咲き　　【耐寒度】Z5

　中国中南部原産。2mほどの枝を放射状に伸ばし、広がる。花は原種とは思えない赤色の一重で非常に目を引く。先がくびれるオレンジ色のヒップも特徴的。これを主にした品種群をハイブリッド・モエシー（HMoy）と呼ぶ。

ロサ・ムリガニー　R. mulliganii

【高　さ】5m〜
【開花性】一季咲き　　【耐寒度】Z6

　中国西部原産。枝は5m以上にも伸び、照葉も美しく、つるバラとしての利用には最適。原種としては大きめの一重の白花が房咲きになる。

オオタカネバラ　R. acicularis

【高　さ】1.8m　【枝張り】1.5m　【開花性】一季咲き　【耐寒度】Z2

　北海道や本州の中部地方北部など日本を含む北半球に広く分布。1.5mほどのシュラブ型になり、ローズピンクの一重。和風の趣きも感じられ、和洋どちらの庭にも似合う。英名はArctic Rose

カラフトイバラ　R. davurica var. alpestris

【高　さ】1.6m　【枝張り】1.2m　【開花性】一季咲き　【耐寒度】Z3

　北海道と本州の中部地方の山地にまれに分布。1.5〜2mほどのシュラブ型になり、濃いピンクの一重の花。秋に房状のヒップが真っ赤に熟す。それほど大型にならず、他の樹木との組み合わせにも適す。ヤマハマナスとも呼ばれる。

テリハノイバラ　R. luciae（R. wichuraiana）

【高　さ】5m〜　　【開花性】一季咲き　　【耐寒度】Z5

　本州以南の日本、朝鮮半島、中国東部に分布。ランブラー系のもととなる。落葉または常緑で、枝は地面を這う。花は白色の一重咲きで、ノイバラよりやや大きい。やや遅咲き。英名はMemorial Rose

ロサ・カニナ　R. canina
【高さ】2.5m　【枝張り】2m　【開花性】一季咲き　【耐寒度】Z3

ヨーロッパを中心に西アジア、北アフリカにも分布。ローズヒップや台木としても利用される。一重の薄ピンクの花。2mほどのシュラブ型になり、形のよい自然形に育つ。英名はDog Rose

ロサ・フォエティダ　R. foetida
【高さ】2.5m　【枝張り】2m　【開花性】一季咲き　【耐寒度】Z3

イラン、イラク、アフガニスタンなどの中近東に分布。高さ約2mの直立性。基本種は花弁の表裏とも濃黄色の一重咲き。臭いといえるほどの濃厚な香りがある。英名はAustrian Briar

ロサ・カリフォルニカ　R. californica
【高さ】2.5m　【枝張り】2m　【開花性】一季咲き　【耐寒度】Z5

北米西海岸のオレゴンからカリフォルニアにかけて分布。2mほどのシュラブ型になり、大株に育ち、広い庭で雄大に育つ。基本種は一重のピンク花。香りがよい。

ロサ・フォリオロサ　R. foliolosa
【高さ】1.2m　【枝張り】1m　【開花性】一季咲き　【耐寒度】Z5

北米南東部分布。1.2mほどのまとまりのよいシュラブ型になり、一重のピンク花をたくさんつける。マットな細長い小葉がよく茂り、和風の庭にも似合う。紅葉が美しい。

オールドローズ

アルバ　Alba（A）
花は白色を中心にソフトピンクのものなど優しい色合いで、ほとんどがヒアシンスに似た香りを放つ。灰緑色の葉色が特徴的。2mほどの直立性でまとまりやすい樹形に育つ。一季咲きで、多くはZ3。

アルバ・セミ・プレナ　Alba Semi-plena（A）
【高さ】2.5m　【横張り】1.5m
【開花性】一季咲き　【耐寒度】Z3

花芯の黄色が目立つ純白の花が清楚で美しい。ヒップの鑑賞価値も高い。

「ヴィーナスの誕生」に描かれた白バラ。香りもいい。耐寒性、耐病性に優れる。

ガリカ　Gallica（G）

　R. gallica officinalis を基にして発展した品種群。葉はつやがなく、細かなトゲが多い。花色は赤紫やローズレッドが中心だが交配によりソフトピンクや絞り咲きの品種も見られる。魅力的な香り。一季咲きで、多くは Z4。

トスカニー　Tuscany（G）
【高　さ】0.9m　　　【枝張り】0.9m
【開花性】一季咲き　【耐寒度】Z4

　重厚なビロードのような濃紅色の花色。コンパクトで鉢植え向き。香りがいい。

カマユー　Camaieux（G）
【高　さ】1.0m　　　【枝張り】0.9m
【開花性】一季咲き　【耐寒度】Z4

　濃いピンクと白のストライプが個性的。コンテナに最適。香りがよく強健。

ダマスク　Damask（D）

　一季咲きのサマーダマスクと、初夏の他、秋にも咲くオータムダマスクがある。ややアーチ状に広がる樹形となる。香油として採取されるダマスク香と呼ばれる濃厚な香り。多くは一季咲きで、Z4。

ブラッシュ・ダマスク　Blush Damask（D）
【高　さ】1.5m　　　【枝張り】1.2m
【開花性】一季咲き　【耐寒度】Z4

　濃厚なダマスクの香り。細めの枝とうつむき加減の花が繊細な印象。

ケンティフォリア Centifolia（C）

約300年前に香水づくりのためオランダで開発されたといわれる。枝変わりからモスローズが派生。英名で Cabbage Rose の名の通り花弁の重なりが多く香りがよい。多くは一季咲きで、Z4。

プティット・ドゥ・オランドゥ
Petite de Hollande（C）

【高　さ】1.2m　　【枝張り】0.9m
【開花性】一季咲き　【耐寒度】Z4

小ぶりの樹形でコンテナやボーダーに適す。

モス Moss（M）

多くはケンティフォリアローズからの突然変異の枝変わりからとされるが、一部ダマスクローズ起源のものもある。つぼみを覆うがく部分に分泌腺を出す苔（モス）状の腺毛が密生するのが特徴。多くは一季咲きで、Z6。

サレ Salet（M）

【高　さ】1.5m　　【枝張り】1.2m
【開花性】返り咲き　【耐寒度】Z5

ピンク色の花弁の外側が波打ち優しい感じ。自然形の樹形が美しい。

ポートランド Portland（P）

最初の品種はオータムダマスクと R. gallica officinalis との交配と考えられている。チャイナローズと交配し、ハイブリッド・パーペチュアルの先祖に。直立性でコンパクトな樹形。繰り返しか返り咲きで、多くは Z4。

ジャック・カルティエ
Jacques Cartier（P）

【高　さ】1.2m　　【枝張り】1m
【開花性】繰り返し咲き　【耐寒度】Z4

ポートランドローズの代表的品種。ダマスク系の強い香り。コンパクトにまとまるので花壇の前面などに。

第1章　バラの適正　北海道でおすすめの系統

ハイブリッド・パーペチュアル　Hybrid Perpetual（HP）

主にポートランド、ブルボン、チャイナ、ノアゼット系のバラの交配によって作出された系統。ハイブリッド・ティー系の一世代前の系統。少し剛直な枝の半つる性になる。多くは返り咲きで、Z5。

デューク・オブ・エジンバラ
Duke of Edinburgh（HP）

【高さ】1.2m　　　【枝張り】0.9m
【開花性】返り咲き　【耐寒度】Z4

　整ったロゼット咲きで花つきよくゴージャス。枝は堅め。
　赤みの強いクリムゾンレッドの花色の重厚な大輪花。樹形は小さめのブッシュ樹形となる。香りがよい。

ブルボン　Bourbon（B）

返り咲きのオータムダマスクとチャイナローズの自然交雑種から派生した系統。美しいカップ咲きの品種が多い。品種により小型から大型のシュラブなどバラエティに富む。多くは繰り返し咲きで、Z5。

ブルボン・クイーン　Bourbon Queen（B）

【高さ】3m　　　　【枝張り】1.8m
【開花性】一季咲き　【耐寒度】Z5

　ライラックピンクの花弁の色抜け具合が濃淡で美しい。クラシックな大輪大房が、満開時は見事。堅めの枝が放射線状に伸びる。耐病性に優れる。

ノアゼット　Noisette（N）

R. moschata とコウシンバラから派生したチャイナローズを交雑させて作出された系統。ほとんどが淡い花色で、葉色も明るく、さわやかなムスク香も魅力。半つる性。繰り返し咲きで、多くはZ6。

シャンプニーズ・ピンク・クラスター
Champney's Pink Cluster（N）

【高さ】2.5m　　　【枝張り】2m
【開花性】返り咲き　【耐寒度】Z6

　ノワゼットの最初の品種。濃いピンクのつぼみと淡いピンクの花の対比が美しい。剪定によっては低いブッシュ状になる。

ハイブリッド・スピノシッシマ　Hybrid Spinosissima（HSpn）

主に西アジアに分布する R. spinosissima（R. pimpinellifolia）を交配親とする品種群。これらをまとめてスコッチ・ローズと呼ばれている。半つる性で枝が細く細かなトゲが多い。とても小さな 9〜11 枚葉が特徴。一季咲きで、多くは Z5。

カナリー・バード
Canary Bird（HSp）

【高　さ】2m
【枝張り】2.5m
【開花性】一季咲き
【耐寒度】Z5

満開時花で株が覆われる。大きな茂みにして楽しみたい。優しい香り。

モダンローズ

ハイブリッド・ルゴサ　Hybrid Rugosa（HRg）

ハマナシを基にした品種群。群を抜く強健性と耐寒性。大輪で香りもよい。近年では他のモダンローズの系統との交配も盛んに行われており、外見ではハマナシの特徴が見られないような品種も。繰り返しか返り咲きで、多くは Z3。

シュネーコッペ　Schneekoppe（HRg）

【高　さ】0.9m　　【枝張り】0.9m
【開花性】返り咲き　【耐寒度】Z3

ほんのり青みがかった淡いピンク花。曇天日は特に神秘的な花色。香りがすばらしい。耐寒性、耐病性に非常に優れる。

テレーズ・ビュニェ　Thérèse Bugnet（HRg）
【高　さ】1.5m　　【枝張り】1.3m
【開花性】返り咲き　【耐寒度】Z3

　ティッシュのような繊細なシェルピンクの大輪で赤い枝が特徴的。完成度の高いルゴサ。スクリーンやヘッジにも最適。

リンダ・キャンベル　Linda Campbell（HRg）
【高　さ】1.5m　　【枝張り】1.5m
【開花性】繰り返し咲き　【耐寒度】Z4

　赤花ルゴサの最高品種。濃赤の房咲きがたわわにつく。やや艶消しの濃緑の葉とのバランスがよい。非常に強健。

ハイブリッド・コルデシー　Hybrid Kordesii（HKor）
　ドイツのコルデス（Wilhelm J.H. Kordes II, 1918-1955）によるハマナシとテリハノイバラとを交雑してできた *R.×kordesii* から発展した系統。半つる性の品種が多い。耐寒性に優れる。繰り返し咲きで、多くはZ4。

ヘンリー・ケルセイ　Henry Kelsey（K）
【高　さ】2m　　【枝張り】1.5m
【開花性】繰り返し咲き　【耐寒度】Z3

　明るい赤い花色と光沢のある濃い緑の葉が力強い。単独でシュラブとしての利用の他、つるバラとしても利用できる。耐寒性、耐病性に優れる。

シュラブ　Shurub（S）

血統では区分けできない、複数の系統間での品種群。開花性や樹形も品種によりさまざま。多くは雑種の強健性が出現する。イングリッシュローズなども含まれる。繰り返し咲きで、多くは Z5。

アレキサンダー・マッケンジー
Alexander Mackenzie（S）

【高　さ】1.8m
【枝張り】1.8m
【開花性】繰り返し咲き
【耐寒度】Z3

枝先がアーチ状に湾曲して形のよい自然形になる完成度の高い耐寒性品種。大きな茂みになる。

モーデン・ブラッシュ　Morden Blush（S）

【高　さ】0.8m　　【枝張り】0.5m
【開花性】繰り返し咲き　【耐寒度】Z2

最強の耐寒性を誇る美花。秋遅くまで開花する。時間をかけて育てたい。

カスバート・グラント　Cuthbert Grant（S）

【高　さ】1.2m　　【枝張り】0.9m
【開花性】繰り返し咲き　【耐寒度】Z3

ベルベットレッドの深い花色と花形は HT のよう。樹勢は強く耐寒性も非常に強い。香りもよい。

キャスリン・モーレー
Kathryn Morley（S）

【高　さ】1.5m　　　【枝張り】1m
【開花性】繰り返し咲き　【耐寒度】Z5

　イングリッシュローズ。愛らしいソフトピンクの大きめのカップ咲き。優しいティーローズの香り。

ハイブリッド・モエシー　Hybrid Moyesii（HMoy）
　中国南西部に分布する *R. moyesii* を交配親とする品種群。直立した枝は先が少し垂れる樹形となる。一重に雄しべが際立つ。細長いヒップも特徴的。一季咲きで、多くは Z6。

ネヴァダ　Nevada（HMoy）

【高　さ】2.5m　　　【枝張り】2m
【開花性】返り咲き　　【耐寒度】Z3

　ひらひらとしたセミダブルの大輪花。大きな茂みにして楽しみたい。

ポリアンサ　Polyantha（Pol）
　ノイバラとチャイナ系の Old Blush China の交配から発展した系統。後のフロリバンダ系の誕生につながる。枝が伸びる品種が多い。繰り返し咲きで、多くは Z6。

ザ・フェアリー　The Fairy（Pol）

【高　さ】0.8m　　　【枝張り】1m
【開花性】繰り返し咲き　【耐寒度】Z4

　ポンポン咲きのライトピンクの小輪が房咲きになる。照葉も美しい。枝は暴れて横張りのシュラブ樹形になる。耐病性が強く秋まで照葉がよく茂る。ポリアンサ系の最高傑作。

ミニチュア　Miniature（Min）

コウシンバラのわい性種である R. chinensis minima を基にした品種群であるが、初期はポリアンサ系、後にハイブリッド・ティー系との交配の影響が大きい。繰り返し咲きで、多くは Z6。

フェアリー・ライツ　Fairy Lights（Min）

【高　さ】0.4m　　【枝張り】0.9m
【開花性】繰り返し咲き　【耐寒度】Z5

　つぼみはピンクを帯びるが開くと透明感のある純白の半八重。非常に花つきがいい。鉢植えや寄せ植え向き。

ハイブリッド・ムスク　Hybrid Musk（HMsk）

イギリスのジョセフ　ペンバートン（Joseph Pemberton, 1854-1926）によって発展した、R. moschata を基本とする系統。淡い花色のものがほとんどで、花つきがよく、強いムスク香を放つ。繰り返し咲きで、多くは Z6。

ラヴェンダー・ラッシー
Lavender Lassie（HMsk）

【高　さ】2.5m　　【枝張り】1.2m
【開花性】繰り返し咲き　【耐寒度】Z6

　薄いラベンダー色の花が大房になる。ムスク系の甘い香り。花つき非常によい。小型のつるバラとして最適。

クイーン・オブ・ザ・ムスクス
Queen of the Musks（HMsk）

【高　さ】2.5m　　【枝張り】1.5m
【開花性】繰り返し咲き　【耐寒度】Z4

　紅色のつぼみ、開花はじめは淡いピンク、後に白花になり、グラデーションが美しい。香りがよい。

フロリバンダ Floribunda（Fl）

ポリアンサ系とハイブリッド・ティー系の交配から生まれた。中輪房咲き。多花性、コンパクトなので花壇植えに適する品種が数多くある。繰り返し咲きで、多くはZ6。

ホーム＆ガーデン Home & Garden（Fl）
【高　さ】0.8m　　【枝張り】1m
【開花性】繰り返し咲き　【耐寒度】Z6

ロゼット咲きの明るいピンク花が連続開花。あまり切り詰めないで自然形で仕立てる方が魅力が増す。枝は暴れてシュラブ樹形になる。耐病性が強く、秋まで照葉がよく茂る。

オイティン Eutin（Fl）
【高　さ】1.5m　　【枝張り】1.2m
【開花性】繰り返し咲き　【耐寒度】Z4

大きな花房はとても華やか。光るようなローズレッドの花色は絶品。最高の秋花。

ハイブリッド・ティー Hybrid Tea（HT）

四季咲き性の強いティー系と大輪のハイブリッド・パーペチュアル系の交配から生まれた、モダンローズを代表する系統。整然とした樹形、大輪の高芯咲き。繰り返し咲きで、多くはZ6。

マイ・ガーデン My Garden（HT）
【高　さ】1.5m　　【枝張り】1.2m
【開花性】繰り返し咲き　【耐寒度】Z6

フランスの調香師から高く評価された香りのバラ。上品な花形、花色も魅力。耐病性が強い。

第1章　バラの適正　北海道でおすすめの系統

グランディフローラ Grandiflora（Gr）

ハイブリッド・ティー系とフロリバンダ系の交配から生まれた。茎は直立性に伸び、樹高はやや高くなる。中輪から大輪の房咲き。ハイブリッド・ティー系に含まれる場合も多い。繰り返し咲きで、多くは Z6。

アース・ソング Earth Song（Gr）

【高　さ】1.2m　　【枝張り】1.2m
【開花性】繰り返し咲き　【耐寒度】Z4

濃いピンクのひらひらとした花形で総咲きになり華やかで周りがパッと明るくなる。「大地の歌」という名前がふさわしい力強い樹形。耐病性が強く、秋まで葉がよく茂る。

つるバラ

P23の ARS 表では、つる性のバラは系統によってオールドローズやモダンローズに分類されていますが、ここではまとめて取り上げます。一般には、細くしなやかな枝を長く伸ばし、多くは一季咲きの種類をまとめて「ランブラー・ローズ　Rambler Rose（R）」として扱われます。

ハイブリッド・ムルティフローラ Hybrid Multiflora（HMult）

ノイバラと他の系統の品種との交雑種。ポリアンサ系などつる性以外のものは含めない。小輪の花が大きな房になって開花。比較的耐暑性にも優れる。多くは一季咲きで、Z4。

タウゼントシェーン
Tausendschön（HMult）

【高　さ】3m〜
【開花性】一季咲き
【耐寒度】Z6

優しいウェーブが入るピンク花が大房になる。同じ房にピンクの濃淡が混在して美しい。和名「千美人」。

第1章　バラの適正　北海道でおすすめの系統

39

ポールズ・ヒマラヤン・ムスク・ランブラー
Paul's Himalayan Musk Rambler（HMult）

【高　さ】5m〜
【開花性】一季咲き　　　【耐寒度】Z4

　ピンクを帯びた白花は房咲きで八重桜のよう。非常に伸びがよく大壁面で利用したい。

ハイブリッド・ウィクライアナ　Hybrid Wichuraiana（HWhich）

テリハノイバラと他の系統の品種との交雑種。枝が葡萄するように横に伸びる品種が多い。樹勢が強く耐病性にも優れる。やや遅咲き。多くは一季咲きで、Z5。

メイ・クイーン
May Queen（HWich）

【高　さ】4m〜
【開花性】一季咲き　　　【耐寒度】Z4

　ウィクライアナ系最初の品種。ランブラーとしては大きく優雅な花。フルーティな強い香り。大面積で楽しみたい。

ハイブリッド・センペルウィレンス　Hybrid Sempervirens（HSem）

南ヨーロッパ、北アフリカに分布する *R. sempervirens* を交配親とする品種群。枝は細くしなやかに伸びる。小輪の花房が株を覆う。一季咲きで、多くは Z6。

フェリシテ・エ・ペルペチュ
Félicité Perpétue（HSem）

【高　さ】4m〜
【開花性】一季咲き　　　【耐寒度】Z6

　遅咲き。白っぽいアイボリーピンクのポンポン咲きになる。枝は細く長く伸びてフェンスや壁面に適す。

エアシャー Ayrshire（Ayr）

英国のエアシャー地方で見つかった *R. arvensis* の交雑種からの系統。5m 以上に枝を伸ばす。白から淡色の繊細な花が多い。ミルラ香のバラとされる。一季咲きで、多くは Z6。

ジャネット・B・ウッド
Janet B. Wood（Ayr）

【高　さ】5m〜
【開花性】一季咲き　　　【耐寒度】Z6

非常に多花性で満開時は見事。枝の伸びがとてもよい。

ラージ・フラワード・クライマー Large-Flowered Climber（LCl）

大輪つるバラ系。ランブラーとハイブリッド・ティー系などとの交配や、ブッシュローズの枝変わりなど、その血統はさまざま。多くは強い枝を直線的に伸ばす。単にクライマー系とも呼ぶ。多くは繰り返し咲きで、Z6。

ニュー・ドーン New Dawn（LCl）

【高　さ】3m〜
【開花性】返り咲き　　　【耐寒度】Z5

上品なシルバーがかった淡いピンクが魅力的。ランブラー的な利用もできるが旧年枝に花つきがよい。耐病性に優れる。

スパニッシュ・ビューティー
Spanish Beauty（LCl）

【高　さ】3m〜
【開花性】一季咲き　　　【耐寒度】Z6

時代を超えた銘花。やや波打つ優雅な花弁の美しいピンクの大輪花。秋の洋梨型の大きなヒップも楽しめる。

第 1 章　バラの適正　北海道でおすすめの系統

このようにバラにはさまざまな系統があり、ここでは北海道での栽培が可能な耐寒性に優れる一部の系統を紹介しました。ここに挙げた系統だけでも、バラは栽培する環境や用途によって、バラエティに富んだ品種を選ぶことができる花木だということがよくわかります。

系統からみたハーディネスゾーンと開花性

　系統のなかでも品種によってハーディネスゾーンは変わりますが、ここで紹介した系統をハーディネスゾーンと開花性でまとめると下の表のようになります。

表3 開花性と寒さレベル別系統一覧

寒さレベル	一季咲き	繰り返し咲き（返り咲きも含む）
強 (Z2-4)	A　　　G C　　　Sp D　　　HMult(R)	P HRg K
中 (Z5)	HSpn　　HWhich(R)	HP　　　S B
弱 (Z6〜7)	M Ayr(R) HMoy HSem(R)	Fl　　　Mln Gr　　　N HMsk　Pol HT LCl

※同じ系統内でも例外的な耐寒度（ハーディネスゾーン）の品種は多くあります。

　同じ北海道でも地域によって寒さのレベルは異なるので、系統のおおよそのハーディネスゾーンを知っておくと品種選びの参考になるでしょう。また、積雪の有無、風当たりの強さなどによっては越冬のしやすさも変わってくるので、それぞれの栽培環境によっては育てられる品種も変わってきます。

　北海道でバラづくりを楽しむには、まず住んでいる地域の気候を知り、系統や品種による耐寒性の違いを知ることが大切になります。

いわみざわ公園の室内公園　色彩館（4月下旬）

2章
バラの使い方
バラが咲く場面を思い描いてみよう

バラにはいろんな樹形がある

　バラの品種を選ぶときに注意しなければならないのは、耐寒性や強健性だけではありません。どんな場所でどのように仕立てたいのかによって、選ぶ樹形も異なります。小型の品種を大型には仕立てられないですし、枝が伸びない品種はつるバラのようには仕立てられません。その品種がどんな樹形になるかは必ずチェックしましょう。

バラの樹形

　バラの樹形は一般的に「ブッシュ型」「シュラブ型」「つる型」の大きく三つの樹形のタイプに分けられますが、ここではもう少し細かく七つのタイプに分類して、その系統や適した使い方を紹介します。

　「ブッシュ型」は木立性とも呼ばれ、直立性のかっちりとした樹形になります。「シュラブ型」は半つる性で枝が垂れ優しい自然な樹形になります。「つる型」は枝がよく伸び、構造物に誘引して高さを出したり、広い範囲を覆うのに適した樹形です。

樹形タイプ A

このタイプはあまり背が高くならず、やや横張りするブッシュ樹形。下の方からよく枝が茂る。繰り返し咲く品種が多いのが特徴。

【適した用途】
花壇の前面、コンテナ栽培など

【該当する系統】
フロリバンダ（Fl）、ミニチュア（Min）、枝が立ち上がるタイプで中型のシュラブ（S）など

【高さの目安】
1m 程度

ロッティリア Rottilia（Fl）

【高　さ】0.6m 　　　【枝張り】0.5m
【開花性】繰り返し咲き　【耐寒度】Z6

　ローズレッドの花は咲き進むと退色して薄いマゼンタピンクになり、グラデーションが大変美しい。秋まで健康的な照葉がよく茂る。

ハニー・パフューム Honey Perfume（Fl）

【高　さ】1m 　　　　【枝張り】0.8m
【開花性】繰り返し咲き　【耐寒度】Z6

　アプリコットイエローの花色は華やかで目を引く。耐病性に優れる。

グルス・アン・アーヒェン
Gruss an Aachen（Fl）

【高　さ】0.9m　　　【枝張り】0.9m
【開花性】繰り返し咲き　【耐寒度】Z4

　クリーム色にピンクがかった淡い花色で芍薬のような花形。秋花の発色が最高に美しい。樹形はコンパクトにまとまる。じっくり育てたい品種。

センチメンタル Scentimental（Fl）

【高　さ】0.9m　　　【枝張り】1.1m
【開花性】繰り返し咲き　【耐寒度】Z6

　白とバーガンディのストライプの個性的な花と濃い緑葉がしっとりとした雰囲気を醸し出す。スパイシーな香り。耐病性に優れる。

第2章　バラの使い方　バラにはいろんな樹形がある

樹形タイプ B

このタイプは枝がまっすぐ伸びる直立性で、枝が太いブッシュ樹形。繰り返し咲く品種が多く、比較的、背が高くなるものが多い。

【適した用途】
花壇、大型のものは花壇の背景にも

【該当する系統】
ハイブリッド・ティー（HT）、グランディフローラ（Gr）、ハイブリッド・パーペチュアル（HP）など

【高さの目安】
1.5～1.8m 程度

第2章 バラの使い方　バラにはいろんな樹形がある

アルフレッド・コロン　Alfred Colomb（HP）

【高　さ】1.3m　　【枝張り】0.9m
【開花性】返り咲き　【耐寒度】Z6

深いクリムゾンの花は豪華な大輪で高芯咲き。葉がよく茂りこんもりとしたブッシュ樹形に育つ。大きめのコンテナにも最適。

ティファニー　Tiffany（HT）

【高　さ】1.2m　　【枝張り】0.6m
【開花性】繰り返し咲き　【耐寒度】Z7

剣弁高芯の非常に整った花形。上品で控えめな美しさがある。フルーティな香りもすばらしい。花つきがよく育てやすい。耐病性に優れる。

クライスラー・インペリアル
Chrysler Imperial（HT）

【高　さ】0.8m　　　【枝張り】0.6m
【開花性】繰り返し咲き　【耐寒度】Z6

　深いクリムゾンレッドで剣弁高芯の非常に整った花形。インパクトのある大輪花。香りもすばらしい。多くの黒バラ品種の親になった。耐病性に優れる。

ミシェル・メイアン
Michèle Meilland（HT）

【高　さ】0.9m　　　【枝張り】0.6m
【開花性】繰り返し咲き　【耐寒度】Z6

　優しいアプリコットピンクの剣弁高芯咲き。咲き進むとおおらかな花弁の雰囲気が大変美しい。じっくり育てたい品種。

ドリーム・カム・トゥルー
Dream Come True（Gr）

【高　さ】1.8m　　　【枝張り】1.3m
【開花性】繰り返し咲き　【耐寒度】Z6

　ゴールドイエローにルビーレッドの複輪がロマンチックな花色。咲き進むにつれゴールドイエローからアプリコットオレンジに花色が変わる。半剣弁高芯咲きの大輪で切花にも最適。強健で育てやすい。

ポール・リコー　Paul Ricault（HP）

【高　さ】1.5m　　　【枝張り】0.9m
【開花性】一季咲き　　【耐寒度】Z4

　花弁数が非常に多くクォーター咲きで、外弁が反り返る豪華な花容。絶妙なピンクの大輪花は存在感があり目を引く。ケンティフォリア系やブルボン系に分類されることもある。香りが強い。

第2章　バラの使い方　バラにはいろんな樹形がある

樹形タイプ C

このタイプはわい性で、多くは1m前後ほどにしかならず、コンパクトにまとまる小型のシュラブ樹形。細い枝がよく茂る。枝がしなやかなものは、支柱をせずにそのまま雪の下にしても枝折れせずに越冬させることができる。

【適した用途】
コンテナ栽培、花壇の前面・のり面などのグランドカバー

【該当する系統】
ポリアンサ（Pol）、ミニチュア（Min）、枝が伸びるタイプのフロリバンダ（Fl）、ハイブリッド・スピノシッシマ（HSpn）、わい性のシュラブ（S）など

【高さの目安】
1m 程度

レッド・レオナルド・ダ・ヴィンチ
Red Leonard da Vinci（Fl）

【高　さ】1m　　　【枝張り】1.2m
【開花性】繰り返し咲き　【耐寒度】Z6

　ローズレッドのカチッとしたカップ咲きで大変花もちがいいのが魅力。枝はやや暴れてシュラブ樹形になる。耐病性に優れ育てやすい。

シー・フォーム　Sea Foam（S）

【高　さ】0.9m　　【枝張り】1.2m
【開花性】繰り返し咲き　【耐寒度】Z4

　まとまりのいい八重の白花を間断なく咲かせる。秋花はピンクがさす。美しい照葉が秋までよく茂る。小型のつるバラとしても利用できる。耐病性に優れる。

マチルダ　Matilda（Fl）

【高　さ】0.6～0.9m　　　【枝張り】0.9～1.2m
【開花性】繰り返し咲き　　【耐寒度】Z6

　やや早咲き。ソフトピンクの縁取りのフリルがかった花が愛らしい。花は大きめの中輪。強健で育てやすい。

マイナーフェア　Mainaufeuer（S）

【高　さ】0.8m　　　　　【枝張り】1.2m
【開花性】繰り返し咲き　　【耐寒度】Z6

　非常に目立つ緋赤の花が秋遅くまで咲き続ける。濃緑の照葉が健康的によく茂る。耐病性に非常に優れる。

マージョリー・フェアー
Marjorie Fair（Pol）

【高　さ】1.3m　　　　　【枝張り】0.9m
【開花性】繰り返し咲き　　【耐寒度】Z5

　中心部が白く色抜けする、渋めの深いピンク色の一重で房咲きになる。非常に多花性で株が花で覆われる様は見事。強健で育てやすい。別名 Red Yesterday。

ザ・ファウン　The Faun（Pol）

【高　さ】0.8m　　　　　【枝張り】1.5m
【開花性】繰り返し咲き　　【耐寒度】Z5

　クラシックなロゼット咲きの小輪の房咲き。花つき、花もちが非常によい。照葉の小葉もよく茂る。枝は細めで優しい印象。耐病性に非常に優れる。

第2章　バラの使い方　バラにはいろんな樹形がある

樹形タイプD

このタイプはやや大きくなるシュラブ樹形。枝がよく茂る。枝が伸びるものは小型のつるバラとしての利用も可能。

【適した用途】
花壇の中側から背景、小型のつるバラとして

【該当する系統】
原種（Sp）、ブルボン（B）、ケンティフォリア（C）、ガリカ（G）、ハイブリッド・スピノシッシマ（HSpn）、モス（M）、ポートランド（P）、ハイブリッド・ルゴサ（HRg）、ハイブリッド・モエシー（HMoy）、コルデシー（K）、シュラブ（S）など

【高さの目安】
1.5〜1.8m 程度

第2章 バラの使い方　バラにはいろんな樹形がある

シングル・レッド　Single Red（HSpn）

【高　さ】1.5m 　　【枝張り】1.5m
【開花性】一季咲き　【耐寒度】Z3

　赤の一重の花弁と花芯の黄色の雄しべが目立つ。開花期は花で覆われる。早咲き。耐病性に優れる。

ポラリス　Polareis（HRg）

【高　さ】1.8m 　　【枝張り】2m
【開花性】繰り返し咲き　【耐寒度】Z3

　ほのかに淡くピンクが入る、クリーミィホワイトの花色。季節によって花色が微妙に変化する様子も美しい。花つきが非常によい。強健で寒さにも非常に強い。

エミリー・カー　Emily Carr（S）

【高　さ】1.5m　　　【枝張り】0.8m
【開花性】繰り返し咲き　【耐寒度】Z3

　血のように赤い花色。半八重咲き。比較的直立性の樹形。耐寒性、耐病性に優れ、秋まで葉がよく茂る。

ラ・ノブレス　La Noblesse（C）

【高　さ】1.5m　　　【枝張り】1.2m
【開花性】一季咲き　　【耐寒度】Z4

　ケンティフォリアの代表的品種。明るいが深みのあるピンクの大輪の整形花。濃厚な香り。耐寒性、耐病性に優れる。

シャルル・ドゥ・ミル
Charles de Mills（G）

【高　さ】1.5m　　　【枝張り】1.2m
【開花性】一季咲き　　【耐寒度】Z4

　オールドローズを代表する銘花。モーブの混ざった大輪の整ったクォーターロゼット咲き。香りもよい。耐寒性、耐病性に優れる。

ケアフリー・サンシャイン
Carefree Sunshine（S）

【高　さ】0.9m　　　【枝張り】1.2m
【開花性】繰り返し咲き　【耐寒度】Z4

　他にはない深みのある黄金色に光るような花色。とにかく強健で安心して育てられる黄花。耐寒性、耐病性に優れる。

第2章　バラの使い方　バラにはいろんな樹形がある

樹形タイプ E

このタイプは半つる性で、剪定によって自立ができるシュラブ樹形。背が高くなるものが多い。細い枝がよく茂る。小型のつるバラとしての利用も可能。

【適した用途】
花壇の背景、アーチ、トレリス、オベリスク、小壁面など

【該当する系統】
原種（Sp）、アルバ（A）、ブルボン（B）、ダマスク（D）、ハイブリッド・スピノシッシマ（HSpn）、ハイブリッド・パーペチュアル（HP）、モス（M）、ポートランド（P）、ハイブリッド・ルゴサ（HRg）、ハイブリッド・ムスク（HMsk）、ハイブリッド・モエシー（HMoy）、コルデシー（K）、ポリアンサ（Pol）、シュラブ（S）など

【高さの目安】
2.5m 程度

アンリ・マルタン　Henri Martin（M）

【高　さ】1.5m　　【枝張り】1.2m
【開花性】一季咲き　【耐寒度】Z4

別名 Red Moss の通り深紅色の花をつける。枝が伸びるので小型のアーチやトレリスにも向く。香りがよい。耐寒性、耐病性に優れる。

キャスリーン・ハロップ
Kathleen Harrop（B）

【高　さ】2.5m　　【枝張り】2m
【開花性】返り咲き　【耐寒度】Z5

気品のあるライトピンクの花色。葉色も優しい。耐寒性が強く大株に育つ。

ジョン・デービス　John Davis（K）

【高　さ】2m　　　　　【枝張り】1.5m
【開花性】繰り返し咲き　【耐寒度】Z3

　明るいピンクのオールドローズのようなクラシカルな雰囲気の花を数多く咲かせる。葉色の雰囲気も優しい。誘引してつるバラとしても利用できる。耐寒性、耐病性に優れる。

エルムスホルン　Elmshorn（HMsk）

【高　さ】1.2～2m　　　【枝張り】1.2m
【開花性】繰り返し咲き　【耐寒度】Z6

　深みのある渋いピンク花が大房をつくる。艶消しの大型の葉も渋い。最高の秋花。耐寒性、耐病性に優れる。

ポンポン・ブラン・パルフェ
Pompon Blanc Parfait（A）

【高　さ】1.5m　　　　　【枝張り】1m
【開花性】一季咲き　　　【耐寒度】Z3

　咲き始めはソフトピンクで、咲き進むにつれ白色に変化する。完璧な白系のポンポン咲き。フルーティなさわやかな香り。樹形はコンパクト。

シャンプラン　Champlain（K）

【高　さ】1.2m　　　　　【枝張り】1.3m
【開花性】繰り返し咲き　【耐寒度】Z3

　濃い赤花が途切れなく秋遅くまで開花する。老化枝にも花がつく。横張り性の株に照葉がよく茂る。抜群の耐寒性、耐病性が魅力。

第2章　バラの使い方　　バラにはいろんな樹形がある

樹形タイプ F

このタイプはつる性で、多くは支柱が必要となるが、剪定によっては自立させることもできる。背が高くなるものが多い。枝は太くて堅いものが多い。フロリバンダやハイブリッド・ティーの枝変わりのつるタイプもこの樹形に該当する。

【適した用途】
アーチ、フェンス、パーゴラ、壁面など

【該当する系統】
原種（Sp）、ブルボン（B）、ハイブリッド・パーペチュアル（HP）、ハイブリッド・ムスク（HMsk）、コルデシー（K）、ラージ・フラワード・クライマー（LCl）など

【高さの目安】
2.5〜4m 程度

マダム・イザク・ペレール
Mme Isaac Pereire（B）

【高　さ】2m　　　【枝張り】1.5m
【開花性】返り咲き　【耐寒度】Z5

　オールドローズのなかでも特に大輪になる品種のひとつ。香りが素晴らしく枝の伸びもよい。オールドローズの代表花といわれるほどの銘花。

フランシス・E・レスター
Francis E. Lester（HMsk）

【高　さ】3m　　　【枝張り】3m
【開花性】一季咲き　【耐寒度】Z6

　一重で花弁の縁にかすかにピンクが入る魅力的な花。HMsk では異色の枝の伸びで大壁面で楽しみたい。ヒップも楽しめる。耐病性に優れる。

第2章　バラの使い方　バラにはいろんな樹形がある

ポールズ・スカーレット・クライマー
Pauls Scarlet Climber（LCl）

【高　さ】5m〜
【開花性】返り咲き　　【耐寒度】Z6

　赤系つるバラの代表的な品種。目を引く鮮やかな緋赤の花は深みがあり花もちがよい。強健で育てやすい。じっくり育てたい品種。

コロニアル・ホワイト
Coronial White（LCl）

【高　さ】3m　　　　【枝張り】3m
【開花性】返り咲き　　【耐寒度】Z6

　花芯に花弁が密集するクラシカルなロゼット咲きの大輪。ボタンアイ。花つき、花もちともによい。耐病性に優れる。香りもよい。

シンパシー　Sympathie（K）

【高　さ】3m〜
【開花性】繰り返し咲き【耐寒度】Z6

　濃赤の中輪花が房咲きになり豪華で抜群の存在感を放つ。香りが強い。太枝がよく伸び、濃緑の葉がよく茂る。耐病性に優れる。

ローゼンホルン　Rosenholm（CIFl）

【高　さ】3m〜
【開花性】返り咲き　　【耐寒度】Z5

　白にライトピンクが混ざるグラデーションが美しい。照葉が健康的。花つき、花もちが抜群。細枝が多く出て自在に誘引できる。うどんこ病が出るが生育には影響はなく、旺盛に育つ。

樹形タイプG

このタイプはつる性で、10m近く枝を伸ばすものもある。枝は細くてしなやかなものが多い。多くは一季咲き。強健品種が多い。

【適した用途】
大型のアーチ、長いフェンス、パーゴラ、大壁面など

【該当する系統】
原種（Sp）、ランブラー（R）など

【高さの目安】
4m～

ブラッシュ・ランブラー
Blush Rambler（R）HMult系

【高　さ】5m～
【開花性】一季咲き　　【耐寒度】Z5

　中心白のソフトピンクで半八重の花が房咲きになる。ライトグリーンの照葉がよく茂る。大壁面で使いたい。耐病性に優れる。

シティ・オブ・ヨーク
City of York（LCl）HWich系

【高　さ】5m　　　【枝張り】3m
【開花性】やや返り咲き　【耐寒度】Z5

　つぼみはクリームで開花すると純白になり、黄色の雄しべが目立つ、やさしく可憐な花。濃緑照葉の葉質とよく調和する、完成度の高いクライマー。香りがよい。

マリア・リサ　Maria Lisa（R）HMult系

【高　さ】2m〜
【開花性】一季咲き　　　【耐寒度】Z5

　非常に花つきがよく、満開時は株全体が花で覆われる。トゲはなく扱いやすい。シュラブ風にも仕立てられる。明るい花色だが渋い雰囲気。

ファイルヒェンブラウ
Veilchenblau（R）HMult系

【高　さ】3m〜
【開花性】一季咲き　　　【耐寒度】Z4

　ブルーランブラーとも呼ばれる、他にはないスミレ色が美しい。花芯の黄色の雄しべが目立つ。明るい照葉。トゲが少なく扱いやすい。花つきよい。抜群の耐寒性、耐病性。

ギスレーヌ・ドゥ・フェリゴンド
Ghislaine de Féligonde（R）HMult系

【高　さ】2m〜
【開花性】繰り返し咲き　【耐寒度】Z5

　オレンジ黄〜淡いピンク〜白に変化。明るい葉色と似合う。細枝がよく伸びアーチなどに最適だが、自立させて自然樹形にも仕立てられる。耐病性に優れ育てやすい。

　このように、それぞれの系統が持つ本来の樹形はさまざまあり、用途にあった無理のない系統の選択が、思い描いた庭をつくる近道になります。品種によっては例外的な樹形になる品種もあるので、これらの分類はあくまでも傾向を示すものになります。また、繰り返し咲きの系統は、剪定によってある程度高さを調整できるなど、剪定次第で樹形をコントロールできる場合もあります。

花形や香りの魅力

　花形や香りのバリエーションが豊富なのもバラの大きな魅力です。ここではそのいくつかを紹介します。

花形のタイプ

　細かく分類されていることも多いですが、大まかに以下の三つのタイプに分けられます。

ダニッチ・ローズ
Dunwich Rose (HSpn)

フリューリングスゴールド
Fruhlingsgold (HSp)

【平咲き】
　花弁が5枚の一重咲き、半八重咲きに多く、平たく開く咲き方をいいます。原種系やランブラー系はこの咲き方が多く、花弁数が少ないために養分の消費も少なく、半日陰でも咲きやすい傾向にあります。

【高芯咲き】
　花の中心が高くせり上がった咲き方です。一枚一枚の花弁が大きく20〜30枚ほどのものが多く、中心からしっかり巻いています。

フォークロア
Folklore (HT)

ジークフリート
Siegfried (Fl)

ポンポネッラ
Pomponella (Fl)

【カップ咲き】
　横から見るとお椀のような形をした咲き方です。花弁数が多く60〜100枚になるものもあります。咲き始めと咲き終わりでは花の雰囲気がガラッと変わるものもあります。

バラの香り

「バラの香り」とはどんな香りを想像しますか？ 香水やローズウォーターはダマスクローズから抽出した香りが多く、バラの香りといえばダマスク系の香りを思い浮かべる方が多いのではないでしょうか。しかし、実際にバラを育ててみるとその香りのバリエーションの多さに驚きます。現在、これだけ香りのバリエーションが豊富になったのは、19世紀ごろにヨーロッパに渡った中国の原種であるロサ・ギガンテアの影響が大きいとされています。これまで主流であった華やかで深みのあるダマスク系の香りに、上品でさわやかなティー系の香りが加わり、モダンローズの香りのバリエーションはぐっと広がったのです。

　品種によって香りの強さはさまざまですが、午前中に日がよく当たる場所のバラはより一層強い香りを楽しめます。これは、夜間に気温が下がっていたところに朝日が当たり温度が上昇することで、香りが強く感じられるためです。また、平咲きよりも花弁の巻きが多いカップ咲きや高芯咲きの方が香りは逃げにくく、より強い香りを楽しむことができます。

　近年は、バラの香りが人にもたらすさまざまなよい効果もわかってきています。自分のお気に入りの香りのバラを集めて、自分だけの癒しの庭をつくってみてはいかがでしょうか。

花色・色合わせ

ここでは調和のとれた庭にするために、ちょっとした色合わせのポイントを紹介します。

色の組み合わせの考え方

バラの花色は主に暖色系の色で、同じ赤でも明度や彩度の違いでさまざまな色を選ぶことができます。同じ花でも季節によって発色が異なります。また、太陽の入射角や天候、花形による陰影のつき方、花弁や葉の質感などによっても全く異なった印象を受けます。さらに色の組み合わせによっても、庭全体の印象は大きく変わります。最初は素敵だなと思った雑誌の風景を真似してみたり、いろいろな庭を見て回ったりするとイメージが固まってくるかもしれません。

配色の割合の基本

インテリアデザインなどで配色を決めるときのルールに「60-30-10の法則」(70-25-5とする場合もある)というものがあります。これはベースになる色を60%、メインになる色を30%、アクセントになる色を10%の割合になるように色を決めることです。これにより、まとまりのある落ち着いた雰囲気の配色になります。庭に当てはめてみると、ベースになる色は緑なので、メインになる色とアクセントになる色をこの割合で使うと、色のバランスがよい庭になるということになります。

図1 色相環

色彩の三属性

色は彩度・明度・色相の三つの属性(三要素とも呼ぶ)から成り立っています。

色相とは、色味の違いのことで、図1は色相環といい、赤、黄、緑、青、紫といった色を、虹のように色味の変化を並べた図です。この円の中で隣り合った色を「類似色」といい、向かい合った色同士を「補色」といいま

す。彩度とは、色の鮮やかさの度合いのことをいい、彩度が低くなると黒っぽく見えます。明度とは、色の明るさのことをいい、明度が低いと暗く見えます。これらの三つの要素の組み合わせにより無限の色があるというわけです。

色の組み合わせのポイント

色の成り立ちについてわかったところで、実際に色を決める手助けとなる手法を紹介します。

色の調和を取るために同系色でまとめる方法が一般的ですが、アクセントとなる色を決めるときには、図2の「秩序の原理」を知っていると便利です。これは、先ほどの色相環を使い、「一定の法則によって規則的に選ばれた色は調和する」という原理で、ある色を目立たせるために補色を使う手法もよく使われます。

あまり難しく考える必要はありませんが、このような法則を頭の片隅に少し入れておくと、いろいろな場面で花色を組み合わせるのに役立つでしょう。

図2 秩序の原理

ピンクと紫の中に黄色が入ることでメリハリがついた例

どんな環境か・どう仕立てるか

　ここまでいろいろなバラがあるということを紹介してきましたが、実際にどのようにバラを選べばよいか、環境と仕立て方から考えてみましょう。

どんな環境に植えるのか

　まずは、これからバラを植えようと思っている場所がどんな環境かを知る必要があります。あまり条件がよくない場合は、強健な品種選びが必須となります。

日当たり

　バラは太陽の光が大好きな植物です。当然、一日中日光が当たる場所に植えるとよく育ちます。また、光合成がしっかりできると丈夫に育つので、病気にもかかりにくくなります。病気にかかりやすいような品種こそ、日当たりのよい場所に植えたいものです。

　しかし、限られた庭のスペースでは日当たりがよい所もあれば、悪い所もあ

半日陰に植えられたオールドローズ

り、多少日当たりが悪い所にもバラを植えたい場合もあるでしょう。そのようなときは、強健な原種類や一季咲きのオールドローズであれば比較的耐えられます。また、高さが確保できれば日当たりが望めるような場合は、ランブラー系などのつるバラなどもよいでしょう。

風通し

　植物全般にいえることですが、適度にそよ風が当たり、風通しがいい方が病虫害は少なく元気に育ちます。しかし、風当たりが強すぎたり、その風が潮風であったり、また、山おろしなどの冷たい風が通る場所では、晩秋や早春の寒風害の可能性も大きくなります。そのような場合は、強健な品種を選びます。原種類や一季咲きのオールドローズ、ハイブリッド・ルゴサ、耐寒性の強いシュラブ、つるバラではランブラー系などがよいでしょう。

寒さや風に耐えるハイブリッド・ルゴサ系

土壌環境・水はけ

　肥沃な土壌か痩せた土壌かということも大事ですが、水はけはどうでしょうか。バラは水もちのよい粘りのあるやや重めの土質を好みますが、水はけが悪いのを嫌います。水はけが悪い場所は、強健な原種類や一季咲きのオールドローズ、ハイブリッド・ルゴサ、シュラブ、つるバラはランブラー系などであれば、時間がかかっても生育できる可能性があります。他の系統では、土壌改良をするとともに、土盛りなどをして植え床を高くするなどの工夫も必要になります。

自然積雪・排雪積雪・屋根からの雪

　北海道のバラの栽培において、無事に越冬できるかどうかは大きな問題です。さらに、その品種の耐寒性とは別に気をつけなければならないのが、積雪の問題です。いくら寒さに強い品種を選んでも、雪の重みで枝が折れてしまっては意味がありません。

　自然積雪であることが理想ですが、排雪の雪が乗るような場所や、屋根からの雪が落ちてくる場所は避けます。それができない場合は、雪囲いを頑丈に施す必要があります。また、自然積雪の場合、横張りして枝がしなやかな樹形のシュラブローズやポリアンサ・ローズなどは、無理に結束をして支柱をする雪囲いをするよりも、そのまま自然に雪の下に敷いておいた方が枝折れのリスクが低い場合もあります。植える場所の検討は、冬の間の雪置き場がどこになるのかも考慮しながら慎重に決めましょう。

道路からの排雪による枝折れを防ぐため、根曲竹の囲いの上から焼き丸太の支柱を施している（岩見沢市）

メンテナンスのレベル

　庭の管理にどれだけ時間と労力をさけるかは、実は庭づくりにおいて一番重要なことではないでしょうか。もちろん、バラの品種選びにも関わってきます。病気に弱い品種はこまめに気にかけなければならず、繰り返し咲くものは頻繁に花がら切りが必要に

なるなど、きれいな庭をつくろうと思えば手間暇がかかります。自分の手に余る庭は精神的にも肉体的にもストレスになり本末転倒です。あまり手をかけられないエリアは原種類などの一季咲きの品種を選び、手をかけられるエリアにフロリバンダやイングリッシュローズなどの繰り返し咲きの品種を植えるなど、手をこまめにかけるエリアを絞るというのも一つの方法です。

　ご自身の庭の環境はどうでしょうか？　意外と日陰が多かったり、風通しが悪かったり、屋根からの雪が多かったなど、改めて確認してみるといろいろな庭の状況が見えてくるはずです。その環境は世界にたった一つの環境といっても過言ではありません。それぞれの環境に合った品種を選ぶことが重要で、場合によってはバラを植えないという選択もあるかもしれません。冷静な目で状況を確認することが大切です。そして、それが成されれば、世界でたった一つの自分にとって特別なバラのある庭になるはずです。

お気に入りのビューポイントに置かれた椅子も絵になる（岩見沢市）

どう仕立てるか

　植える場所が決まったら、そこをどんな場面にするのか、どのようにバラを仕立てたいのかを考えてみましょう。

宿根草と混植したい

　限られたスペースでバラだけでなくいろいろな草花も一緒に楽しみたいという方は多いと思います。草花と相性がいいのはイングリッシュローズなどの少し枝が暴れる樹形です。シュラブやフロリバンダ、ハイブリッド・ムスク、シュラブ樹形のオールドローズなどもおすすめです。また、バラと草花を合わせて植えるときには、できるだけバラから離して草花を植え、ミントのように増えすぎる植物は近くに植えないなどの注意が必要です。また、高さや葉の形状、質感なども全体の調和を決める重要な要素になります。

【向いている樹形】タイプA、C、D、E

宿根草と植える場合は高さの調和を考える

宿根草と混植された花壇

芝生とバラでシンプルに

　広々と日当たりのよい場所なら、芝生とバラだけという場面も素敵です。ハイブリッド・ティーやフロリバンダの他にシュラブやハイブリッド・ムスクなど大きな茂みになるタイプも適しています。
【向いている樹形】タイプA、B、C、D、E

青い芝にバラがよく映える

アーチに咲かせたい

　一般的な2mくらいのアーチであれば、半つる性の品種でも十分アーチを覆うことができます。ハイブリッド・ムスクや伸びるタイプのイングリッシュローズ、シュラブ、小型のクライマー系でもいいでしょう。品種によっては、フロリバンダやポリアンサも小型のつるとして使うことができます。あまり大きくなる品種はアーチにおさまりきらなくなり手に余すので、注意が必要です。
【向いている樹形】タイプD、E、F

アーチに絡めたつるバラ

第2章　バラの使い方　どんな環境か・どう仕立てるか

大きなパーゴラに咲かせたい

　3mくらいのパーゴラであれば、ラージ・フラワード・クライマーか3〜4m程度になるランブラー、コルデシーなどが向いています。
【向いている樹形】タイプE、F、G

フェンスに這わせたい

　横に長いフェンスを覆うには枝がしなやかでよく伸びるランブラー、ちょっとしたフェンスには半つる性のものやラージ・フラワード・クライマー、ランブラーが向いています。
【向いている樹形】タイプE、F、G

パーゴラに絡めたつるバラ。ベネッツ・シードリング（Ayr）ランブラー

長いフェンスに絡むつるバラ。ロサ・ロンギクスピス（Sp）

シュラブ樹形の系統も品種によっては小型のつるのように使える。写真はシャルル・ドゥ・ミル（G）

バラで垣根をつくりたい

葉がよく茂る強健なハイブリッド・ルゴサや原種類などが向いています。

【向いている樹形】 タイプD、E

ハマナシ（Sp）の垣根。秋はローズヒップと紅葉が美しい

大壁面を覆いたい

とにかく高い壁面や広い面積を覆いたい場合は、10m級の大型になるランブラーが向いています。高さ2mくらいまでであればラージ・フラワード・クライマーでも可能です。

【向いている樹形】 タイプF、G

屋根まで届くほどの壁面のつるバラ。写真はポールズ・ヒマラヤン・ムスク・ランブラー（R）

第2章　バラの使い方　どんな環境か・どう仕立てるか

トレリスやオベリスクに咲かせる

　トレリスやオベリスクは、あまり大きくならない半つる性のハイブリッド・ムスクやシュラブ、品種によってはポリアンサやフロリバンダなども向いています。
【向いている樹形】 タイプ C、D、E

壁に誘引できない場合はトレリスなどを使うと便利。写真はバレリーナ（HMsk）

下垂させて咲かせる

　石垣や塀などの上から下垂させて咲かせたい場合は、ポリアンサや、枝が伸びるフロリバンダ、シュラブ、オールドローズの他、ハイブリッド・ムスクやランブラーなどが向いています。
【向いている樹形】 タイプ C、D、G

石垣から枝垂れるバラ。写真はホーム＆ガーデン（Fl）

3章
バラの育て方
管理のポイントをおさえよう

バラってどんな植物？

　ここからはバラの一生とバラの一年に分けて、バラという花木がどんな植物なのかを知り、実際の育て方を学びましょう。

作業の目的を理解する

　バラの栽培は手間がかかり難しいというイメージがあります。実際、作業はいろいろありますが、それらは一律に行えるわけではありません。生育段階や開花性など、性質の違いに応じて管理を変えていく必要があります。的確に管理をするためには、その作業を「何のために行うのか」という目的を理解することが大切です。目的の核になる部分が理解できると、ちょっとした応用問題にぶつかっても慌てずにすむようになります。

　ここから、生育段階によってバラがどのように変化していくのか、各段階で何を必要とするのかを見ていきます。

植え付けから15年ほど経ったつるバラ。温室の中なので、冬季間の枝枯れの心配がなく大きく成長している

バラの一生

　バラは一度植え付けると長い年月生き続ける永年性の植物です。しかし、枝自体の寿命はそれほど長くはありません。開花性によって枝の寿命は変わりますが、頻繁に開花する繰り返し咲き性のものほど、枝の寿命は短くなる傾向があります。

　バラは、常に新しい枝を出しながら育ちます。それは、自ら古い枝と新しい枝の新陳代謝を行うことにより、活性化を図っているのです。老化枝を放っておくと新たな枝の発生を阻害し、老化が進むと耐病性の低下にもつながっていきます。バラを元気に保つためには、順調に枝の更新が行われるように手助けすることが必要になります。うまく枝の更新が行われれば、バラは長生きし、たくさんの花を咲かせてくれます。

　では、繰り返し咲きのブッシュローズを例にして、バラの一生を追っていきましょう。

　一般的には接ぎ木苗が利用されますが、交配による新しい品種の誕生など、他の植物同様、バラも最初は実生から生まれます。ここでは実生から生まれたバラを例に説明します。

苗木の誕生から成木まで

【実生1年目】

　バラは種をまいて1〜2カ月で、双葉から主軸を伸ばし、本葉が数枚出てきます。盛んに光合成を行い、どんどん養分をため込んでいきます。

　バラは花木のなかでも花をつけるのが早く、本来の花とは違う形質であることが多いものの、発芽からたった数カ月ではじめての花をつけます。また、株によっては早くもシュート

双葉から主軸を伸ばし、本葉が数枚出ている

（新しく発生する太く勢いのある枝）を発生させるものも出てくるほど、バラは驚くほど早く成長します。しかしこの段階では、まだまだ小さな赤ん坊のようなもので、どんな性質を持っているのかもまだよくわかりません。

【実生2年目】

　バラの一生において、この段階が一番爆発的な勢いがあり、一気に大きくなり様変わりします。複数のシュートが発生し、葉数も増え、光合成や肥料吸収が盛んに行われます。接ぎ木苗なども同様で、この段階を経たものが掘り上げられ大苗として売られます。

　このように、シュートが発生すると、養分は新しい枝に集中して大きく成長し、前年までの枝はお役御免となります。

株元からシュートが複数伸びてくる

【実生3年目】

　前年に出た勢いのある枝にたくさんの花を咲かせます。枝数はますます増え、株も大きくなります。

　条件がよければ、新たに株元や枝の途中からもシュートを発生させます。

　この段階になると、実生1年目の枝は完全に木質化し、あせた色をしてきて、新しく脇枝を出すこともほとんどありません。

シュートから脇芽を伸ばし花を咲かせる。株元からもシュートが伸びてくる

【実生4年目以降】

　4年目以降、成木になった株は、枝数が充実し枝も太くなってきます。また、性質が安定し病気に対する抵抗力なども高くなります。しかし、2～3年前に発生したシュートからは、だんだん元気な脇枝が出なくなってきます。

　それでは、「老化枝を放置した場合」と、「老化枝を除去した場合」を比べてみましょう。

● 老化枝を放置した場合

実生の 4 年目以降。老化したシュートを
そのままにして放置している

老化したシュートは枯れるわけではありませんが、元気な脇枝があまり出なくなり小枝が多くなります。枝が混み合い、風通しや株元の日当たりが悪くなり、病気が発生しやすくなります。老化枝に養分が分散しているため、新たなシュートの発生が少なくなり、枝の更新が行われずに株は衰退していきます。

● 老化枝を除去した場合

実生の 4 年目以降。老化したシュートを除去した

開花枝が出なくなり老化した枝を取り去ると、風通しや株元への日当たりが確保され、新たなシュートが発生しやすくなります。

元気な脇枝が発生しなくなった老化枝を取り去ることで、若枝だけの構成となり、株は衰退することなく生育が維持されるようになります。

バラは枝を更新し続けて生きていく

このように、シュートは品種によっても大きく異なりますが、繰り返し咲き性のものは2〜3年、一季咲き性のものは5〜7年ほどで開花枝が発生しにくくなり、老化枝となります。若枝は緑でしわがなく張りがあり、老化枝は茶色でしわが入り、細枝が多くなるので、少し観察すれば見分けられるでしょう。老化枝は水分量が少ないので、水分量が多い若枝と比べて凍害にあうリスクは少なくなりますが、傷などから病原菌が進入しやすくなります。元気なバラを維持していくためには、古い枝を若い枝に更新することが、もっとも重要になります。

剪定による枝の更新作業

バラの一年

バラの一生では、枝（シュート）の寿命がどれくらいで、どのようなサイクルで更新されていくのかということを見てきました。次は1年という短い期間のなかで、バラがどのように生育し、花を咲かせていくのかを考えてみましょう。

枝の先端に近いところから芽吹き始める

頂芽優勢の性質を利用する

　原種類や多くのオールドローズなどの一季咲きのバラは、剪定や花後の花がら切りをしなくても、翌年花を咲かせることはできます。また、繰り返し咲き性のバラも、花後に花がらを切らずにそのままにしていても次の花を咲かせることはできます。では、なぜ剪定や花がら切りが必要なのでしょうか。

　バラには頂芽優勢といって、枝の先端の芽に養分が集中し、その芽が最も早く、勢いよく伸び出す性質があります。これはいくつかの植物ホルモンの働きによるもので、あるホルモンの濃度によって頂芽の成長が促進されたり、側芽の成長が抑制されたりというように、ホルモンの濃度が植物の成長に影響しています。花後、そのままにしておけば、次の花のための側芽は頂芽にならず、芽が動き出す前に時間がかかってしまいます。そのため、強制的に頂芽をつくるために花がら切りを行うのです。とくに、北海道で確実に秋花まで3回咲かせるためには、剪定や花後の花がら切りは不可欠になります。

　枝を切るということは、高さを制限したり、樹形を整えるためということもありますが、それが本来の目的ではありません。一番の目的は、頂芽優勢の性質を利用して、花数や開花回数を多くすることにあります。

　では、繰り返し咲き性のバラを例に挙げ、枝を切らずにそのままにした場合と、枝切りをした場合、それぞれどのようになるのかを見てみましょう。

春の芽出しから秋花まで

　凍害にあうことなく無事に越冬した枝は、先端の芽に養分を集中し、どんどん芽を伸ばそうとします。この芽出しのときに「枝を切った場合」と「枝を切らずにそのままの場合」では違いが出てきます。

　それぞれどのように違いが出てくるのかを比べてみましょう。

春の芽出しの様子

【枝を切った場合】

1. 元気な勢いのある芽が伸びる

ある程度太さのある枝の芽が頂芽となるように意図的に切ると、その頂芽に養分が集中し、勢いのある芽が伸び始めます。また、枝に力があれば、頂芽の下の芽も勢いよく伸びます。

切られた枝から芽が伸びてきた

2. 一番花の開花

枝を切られたことが刺激になり、枝は勢いよく伸び開花が早まります（6月下旬から7月上旬）。勢いのある枝が出ると花は大きくなり、房咲き品種も花数が多く開花します。元気な脇枝が出て葉数も確保できます。

一番花の開花

3. 一番花の花切り後の芽出し

ある程度の太さがある5枚葉の上で切ることにより、そこから再び勢いのある芽が伸び出します。

小葉

小葉が3枚の
3枚葉

小葉が5枚の
5枚葉

花切り後に芽が伸びてきた

4. 二番花の開花

7月下旬から8月上旬ごろ、伸びた脇枝の先端に再び花をつけます。この二番花は、真夏の高温期と重なるので、秋花のために意図的に咲かせずに、つぼみの段階で切り去ってしまうこともあります。

二番花の開花

5. 二番花の花切り後の芽出し

再び各枝の5枚葉の上で切ることにより、そこから勢いのある芽が伸び出します。

花切り後に芽が伸びてきた

6. 三番花（秋花）の開花

9月下旬から10月下旬ごろにシーズン最後の最高の秋花が開花します。

秋花の開花

第3章 バラの育て方　バラってどんな植物？

【枝を切らずそのままの場合】

1. 枝の先端付近の芽が動き出す

　枝を切らずに、そのままにしておいても、生き残った枝の先端付近の芽が伸び出します。しかし、芽が動き出すのは切った場合よりも遅くなり、弱い枝を伸ばします。

生き残った枝の先端付近の芽が伸び出す

2. 一番花の開花

　芽出しが遅かったため、一番花の開花も遅れて7月中旬から下旬ごろになります。また、強い枝が出なかったため、花は小さくなり、葉も少なく5枚葉も少なくなります。

一番花の開花。花は小さく数も少ない

3. 一番花後の芽出し

　花切りを行わずに放置しておくと、しばらくして複数の芽がゆっくりと伸び出してきます。5枚葉からの芽が一番伸びる傾向にあります。

ゆっくり芽が伸び出す

4. 二番花の開花

　脇枝の充実具合によっては花をつけない場合もありますが、8月中旬から9月下旬ごろに二番花が開花します。この後も一番花後と同様に、花茎から脇枝を出しますが、開花する前に冬を迎えてしまうことが多く、多くは二番花がシーズン最後の花となります。

二番花で今シーズンの開花は終了

　このように、枝を切った場合と切らなかった場合では、芽が動き出す時期がずれることで開花回数に影響が出ることになります。また、勢いのある芽を伸ばし、大きな花を咲かせ、花数を増やすためには、枝を切って適切な箇所から芽出しをさせることが必要になるのです。

栽培管理・開花スケジュール

年間の栽培管理と開花のスケジュー

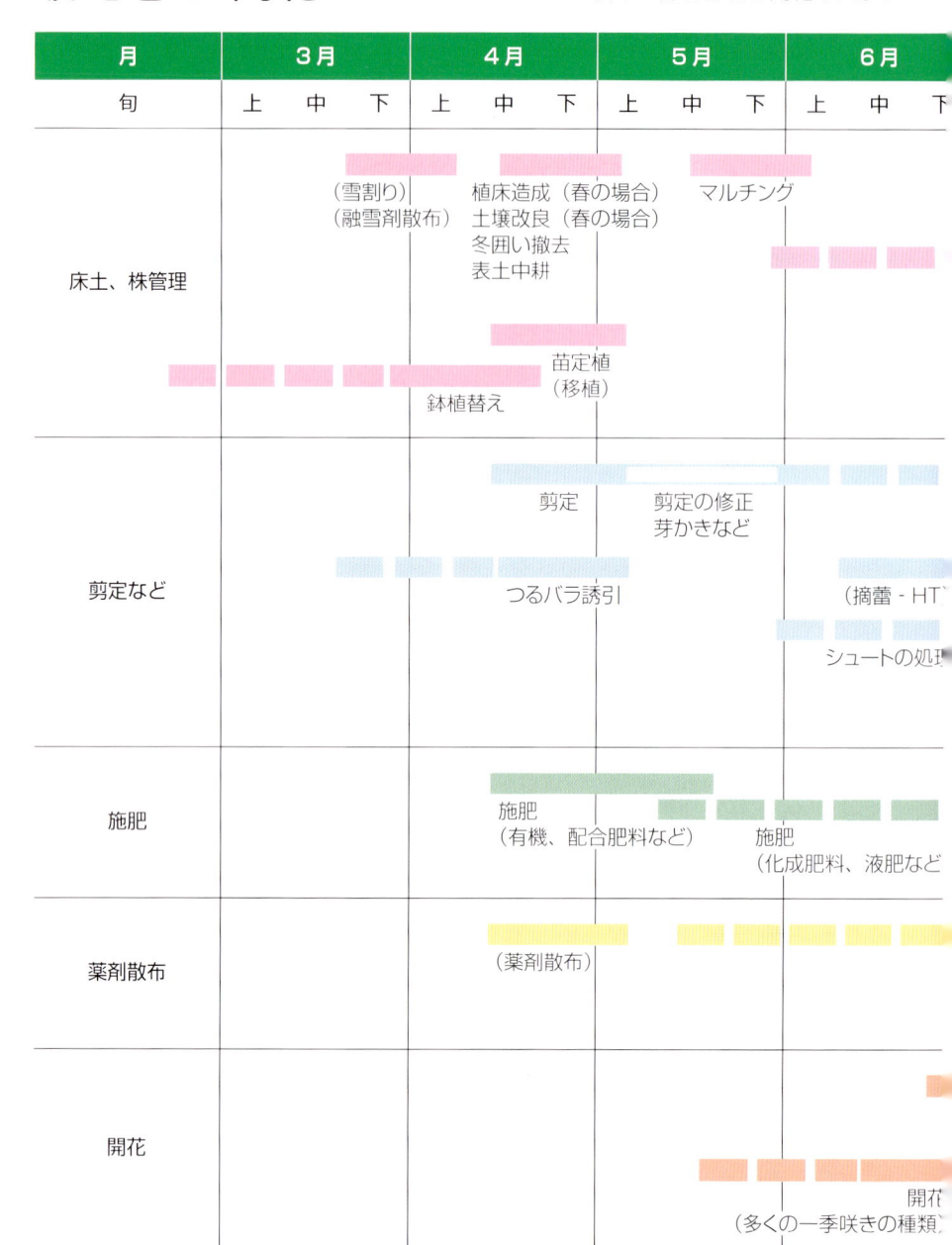

月	3月			4月			5月			6月		
旬	上	中	下	上	中	下	上	中	下	上	中	下

床土、株管理
- （雪割り）
- （融雪剤散布）
- 植床造成（春の場合）
- 土壌改良（春の場合）
- 冬囲い撤去
- 表土中耕
- マルチング
- 鉢植替え
- 苗定植（移植）

剪定など
- 剪定
- 剪定の修正　芽かきなど
- つるバラ誘引
- （摘蕾・HT）
- シュートの処理

施肥
- 施肥（有機、配合肥料など）
- 施肥（化成肥料、液肥など）

薬剤散布
- （薬剤散布）

開花
- 開花（多くの一季咲きの種類

第3章　バラの育て方　栽培管理・開花スケジュール

ルをまとめたものです。このスケジュールに則ってバラを管理していきます。

7月			8月			9月			10月			11月		
上	中	下	上	中	下	上	中	下	上	中	下	上	中	下

植床造成（秋の場合）
土壌改良（春の場合）

表土清掃、病葉取り
除草

土寄せ
冬囲い

花がら切り　　花がら切り
　　　　　　　未開花枝先切り

花がら切り

葉むしり
冬囲いのための丈
落とし

（摘蕾 - HT）

（摘蕾 - HT）

一季咲きの種類の枝先処理

施肥
（カリ肥料）

（薬剤散布）

（薬剤散布）

1番花　　2番花（Fl など）
（Fl、HT など）

3番花（Fl など）

〔2番花（HT など）〕

2番または3番花（HT など）

第3章　バラの育て方　栽培管理・開花スケジュール

春先の作業

　ここからは「バラの一生」と「バラの一年」をふまえ、実際の作業を詳しく解説していきます。P82〜83の年間の栽培管理と開花スケジュールのカレンダーに沿って、春の雪解けから越冬対策までの作業を順に追ってみましょう。その時々で必要な部分をじっくり読んで理解していただければと思います。

融雪剤の散布・雪割り作業

　待ちわびた春の光の到来、積雪地域の北海道の庭作業は雪割りから始まります。これは1日でも早く雪を融かし、地面を乾かすためです。特に、積雪の多い地域では融雪剤の散布や雪割り作業をするのとしないのとでは、場合によっては半月ほどの差が出てきてしまいます。これは農業においても同じで、春先に近所の田畑が融雪剤で黒く汚れて見えるという風景も、おなじみの風景になっています。

　早く雪を融かすメリットとしては、春の作業に早く取りかかれるということです。冬囲いの撤去や剪定作業、施肥作業、土壌改良作業など、とにかく春は作業がたくさんあるので、1日でも早く作業に取りかかりたいものです。

融雪剤の散布

融雪剤がまかれた後

　3月に入り、降雪が落ち着いたころに融雪剤の散布を行うと、雪解けが早まります。農地用に販売されている融雪剤やもみがらくん炭などを使用します。安心なうえ、炭が原料のものは土壌改良効果も期待できます。土などで代用することもできます。炭は黒いので、炭の黒い粒が太陽の光を吸収し、熱に変換して雪を融かすという仕組みです。融雪剤をまくポイントは、大きめの土入れスコップなどで「うっすらまく」ことです。早く融かしたいと思って、厚くまいても効果は上がりません。当然で

すが、まいた後に雪が降って隠れてしまうと効果が出ないので、この時期は天気予報をよくみて散布する日程を決めましょう。

雪割り作業

3月下旬ごろから気温も少しずつ上がってきます。融雪剤の散布と合わせて行いたいのが雪割り作業です。スコップなどで雪を起こす要領で行います。雪を割って隙間をつくることで太陽の光や空気が入り、また、太陽光が当たる面積が増えることで雪が融けやすくなります。晴れの日や雨が続くと雪割りをした部分が融けて再び積雪面が平らになってくるので、何度か行うとよいでしょう。この作業では、雪の下のバラを傷つけないように注意が必要です。

雪割り作業の様子

冬囲い（雪囲い）の撤去

コモ、支柱、結束をはずす

コモをはずした後は、支柱を撤去します。なお、春に土壌改良を行う場合は、支柱をはずした後、枝の結束はそのままにして行うと、枝が邪魔にならないので作業がしやすくなります。

枝を広げる

枝の結束をはずした後は、必ず枝を広げて風と光が枝によく当たるようにします。冬期間ずっと縄で絞られていた枝はかなり絡み合っているので、縄をはずしただけでは広がりません。芽が動き出した後は芽をかいてしまうので、芽吹く前のこのタイミングで必ず枝を広げておきます。

土壌について

　土壌改良とは、育てようとしている植物が元気に育つように、土の状態や環境をその植物が好むような状況に改善することをいいます。バラに限らず、植物の栽培において一番大切なのは、やはり「土」です。しっかりとした土づくりは植物を植え付ける前にしかできません。最初から最高の土壌というのはなかなか難しいことですが、手間をかけて理想に近づける努力をすれば、きっとバラは応えてくれるでしょう。

よい土壌の条件

　一般的によい土壌の条件には、例外はあるものの、主に以下のようなことが挙げられます。

- ・水はけがよいこと
- ・根が充分に張れる深さがあること
- ・通気性がよいこと
- ・保水性があること
- ・保肥力があること
- ・適正な酸度（pH）であること

　これらのことは、もちろんバラにも当てはまります。強健な原種や一部のシュラブローズなど、それほどしっかりとした土壌改良をしなくても生育できるものもあります。しかし、その他の多くは、繰り返し咲き性や花形などに重点をおいて育種されていることから、野生の強健性が失われています。そのため、しっかりとバラが育ちやすい植え床をしっかりとつくる必要があるのです。上記のことをふまえ、バラに好ましい植え床がどういうものか整理していきましょう。

バラに好ましい土壌とは

目指すは適度にふかふかの団粒構造の土壌

　バラに限らず植物全般にいえることですが、好ましい土壌は団粒構造であることが大切です。土壌が団粒構造であるかないかで、水はけや通気性、保水性、保肥性などが大きく変わってきます。

単粒構造の土壌　　土　水　空気　　団粒構造の土壌

図1 団粒構造と単粒構造のモデル

　土壌の粘土粒子は電気を帯びており、これに土壌中の植物や動物、微生物の遺がいの分解されにくい部分が、長い時間をかけて集積した有機物（これを腐植といいます）と結びついて複合粒子をつくります。これらが集合して粒子団（団粒）ができ、この粒子団が集まって組織された状態を団粒構造といいます。

　団粒構造の土壌は、図1右のように粒子間に大きさがさまざまなたくさんの隙間（孔隙）があり、その隙間に水や空気を保ち、さまざまな生物が棲んでいます。また、養分の分解を促したり貯蔵できるという利点もあります。このように粒子間に隙間がある団粒構造では、新鮮な酸素や水分、水に溶けた養分がよく通るので、根は健康に育つことができます。

　反対に図1左の単粒構造の土壌では、粒子間の隙間が少ないため、新鮮な水や空気が補給できないので、根の生育が悪くなったり、根腐れを起こすことがあります。

排水をしっかり確保する

　排水とは、不要な水を排出することをいいます。通常、雨などで水が供給されると、土中の古い水や余分な水は土壌の下層へ移動していきます。水はけのよい土壌であれば問題なく水は移動できますが、水はけが悪い土壌では、水は行き場をなくしてその場にたまるという現象が起きます（図2参照）。水がたまると新しい空気も取り込むことができなくなり、根腐れを起こす原因になります。

図2 土壌の排水イメージ

植え床はなるべく大きく

　バラが健康で大きく成長するためには、根が十分張る必要があります。そのためには、なるべく深いところまでバラの根が伸びやすい土壌である方が有利になります。元の土壌が硬い場合などは特に大きく影響し、その場合は水はけのよさにも関わってきます。

バラは弱酸性を好む

表1 酸度の適正値

	pH1	pH2	pH3	pH4	pH5	pH6	pH7	pH8	pH9	pH10	pH11	pH12	pH13	pH14
バラの好適酸度					■	■								
窒素					■	■	■	■						
リン酸					■	■	■							
カリウム		■	■	■	■	■	■	■						

←酸性　　　　　　　　　中性　　　　　　　　　アルカリ性→

　土壌の酸度（pH）は、植物が生育に必要な肥料成分をうまく吸収できるかということに大きく影響します。植物の生育を左右する、「窒素」「リン酸」「カリウム」の三要素でいえば、窒素はpH5.5〜8.0まではよく吸収されますが、5.5以下では吸収が悪くなり、リン酸はpH7.5以上、5.0以下では不溶性になって吸収されなくなります。カリウムはpH8までは吸収されますが、それ

以上では吸収は悪くなります。このように、pHが極端に偏ると養分の吸収がうまくいかずに、植物の生育に影響してしまいます。植物それぞれが生育に適している酸度は異なり、バラの場合は弱酸性〜中性（pH5〜7）が適しているといわれています。

　以下の二つは補足的なことですが、植え床づくりの際に考慮したいポイントです。

元肥は入れすぎない

　繰り返し咲きの品種は、シーズン中何度も開花するため、多くの養分が必要になります。本州向けのバラの栽培本などでは、「バラは肥料食いなので元肥をしっかり入れよう」とよく書かれていますが、これは温暖な地域だからいえることです。北海道のように厳しい冬がある地域では、秋になっても栄養成長してしまい、枝が固まる前に冬を迎えると枝枯れを起こす場合があり、安易に元肥を多用するのは危険な面もあるということを覚えておきましょう。

土壌改良材がしっかりなじんだ植え床

　土壌改良をしたばかりの植え床は、堆肥などがまだ土になじんでいません。北海道では苗の植え付けは基本的に春に行いますが、土壌改良材の土壌への作用や土とのなじみのことを考えると、秋の終わりに土壌改良をして翌年の春にすぐ植え付けができるようにしておくことが理想です。春に土壌改良を行うのであれば、雪解け後の土が乾いたころになるべく早く行います。

　バラに好ましい植え床（土壌）がどんなものかがわかったところで、次はそれを自分の庭に置き換え、どのように土壌改良をしていけばよいのかを考えていきます。

自分の庭の土壌を分析する

まず、自分の庭の土壌はどんな状況なのか、おおまかに把握しましょう。

水はけはどうか

水はけがよいかどうかを調べるには、雨が降った後に穴を掘ってみるのが手っ取り早い方法です。30〜40cmほど掘って水がたまっているようであれば、水はけが悪いといえます。または、晴れた日に同様に穴を掘ってたっぷり水を注いでみる方法もあります。水がさっと抜けずにいつまでもたまっている状態であれば、水はけが悪い土壌です。

40cm掘ったところで水が出てきた様子

土壌の硬さはどうか

土の表面に指を挿してみてください。硬くて指が入っていかないようであれば硬くしまった土壌といえます。植物を元気に育てるには、根がのびのびと伸びるよう、やわらかい土壌にする必要があります。

土質はどうか

「粘土っぽい」「砂っぽい」「レキっぽい」など、地域によって土質は違います。

表2・3は、自分の庭の土質がどのような性質かを知るための一つの手がかりになります。まず表2で土性の区分を確認し、表3で水もち、水はけ、肥料もちなどの性質がわかります。それによって、どんな土壌改良が必要なのかが推測できます。

表2 手触りで調べる土性の判定方法

粘土と砂の割合の感じ方	ザラザラとほとんど砂っぽい	大部分（70～80%）が砂っぽく、わずかに粘土を感じる	砂と粘土が半々の感じ	大部分が粘土で、一部（20～30%）砂を感じる	ほとんど砂を感じず、ヌルヌルした粘土の感じ
分析による粘土	12.5%以下	12.5～25.0%	25.0～37.5%	37.5～50.0%	50.0%以上
区分	砂土	砂壌土	壌土	埴壌土	埴土
簡易的な判定法	固めることができない	固めることができるが、棒状にできない	鉛筆程度の太さにできる	マッチ棒程度の太さにできる	コヨリのように細長くできる

少量の水で湿らし、指の感じによって粘度と砂の量を判定する　　※出典：ヤンマーHP「土づくりのススメ」

表3 手触りで調べる粘土と砂の割合の判定方法

土性	指の感触	水もち	水はけ	肥料もち
砂土	ザラザラ	××	○○	××
砂壌土	チョイツル	×	○○	×
壌土	ツルザラ	○○	○○	○○
埴壌土	チョイザラ	○○	××	○○
埴土	ツルツル	○○		○○

※出典：『土と施肥の新知識』全国肥料商連合会

身近で見られる土壌

火山灰土

　見た目は白っぽく、手触りはザラッとしたレキ質の土壌で、水はけは大変優れます。粘りは全くなく、肥料もちがよくないので、有機物をたくさん混入する必要があります。

埴壌土（粘土を多く含んだ土壌）

　見た目は白っぽく、手触りは砂っぽいですが粘りもあります。稲作などに適する土壌です。水もちや肥料もちには優れますが、腐植分は少なく、また粒子が細かく水はけが悪い傾向にあるので、有機物をたくさん混入し、排水がよくなるよう改良が必要です。

黒ボク土（火山灰土＋腐植）

　見た目は黒っぽく、手触りは砂っぽい感じがします。道内の畑地や庭の客土として使われるのを見かけます。水はけは大変よく、一般的には腐植が多いとされていますが、この腐植は難分解性で、作物にはあまり利用できません。肥料もちが悪く、微量要素が欠乏しやすい傾向にあるので、堆肥などの有機物を混入して改良をする必要があります。

土壌改良を繰り返した畑土

　写真は札幌近郊にある月形町のとある畑土です。おそらく50年ほど使われている畑の土です。繰り返し土壌改良が行われた畑土は、見た目は赤っぽく粘りがあり、適度な水はけと水もち、肥料もちのバランスがよく、宝物のような土壌です。

　いくつかのサンプルを紹介しましたが、よい土壌とは、継続した有機物の補給により、長い時間をかけてつくっていかなければならないということになります。

土壌改良のポイント

　庭の土壌の状態を把握したうえで、次は実際にどのように植え床づくりをすればよいのかを説明しましょう。次の「物理性の改善」「化学性の改善」「生物性の改善」の三つのポイントをおさえて土壌改良を行います。

地力を構成する三要素

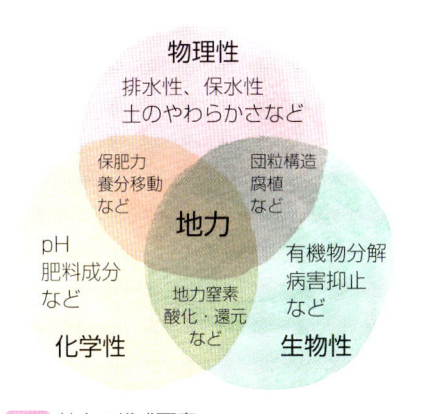

　植物がよく育ち、長く植物を育て続けられるような土壌を「地力がある、地力が高い」といいます。

　この地力というのは、図3のように「物理的要因（物理性）」「化学的要因（化学性）」「生物的要因（生物性）」の三つの要因から成り立っています。

　理想の土壌に近づけるためには、これら三つの要素を改善すればよいということになります。

図3　地力の構成要素
※出典：『新版 図解 土壌の基礎知識』藤原俊六郎

物理性の改善

　物理性の観点からみたよい土壌を簡単にいうと、「厚いやわらかな土層で、適度な保水性や排水性が確保される土壌」といえます。

　自分の庭の土壌がこれにあてはまらない場合は、物理性の改善が必要になります。

排水性の確保

　排水性を改善するには次の三つの点が重要です。

1. 適正な植え位置の選定

　排水の悪い場所にバラを植えるよりも、庭の中で一番排水のよい場所を選ん

で土壌改良をした方が容易です。

　排水がよいかどうかは、雪解け時や降雨後の土の乾き具合を観察することでも判断できます。

2. 植え床構造の工夫

　水はけがよくなるように植え床を工夫します。

①深く耕し、穴底の硬い層を砕く

　土が硬く水はけが悪いからといって、安易に植え床の土を培養土と入れ替えたり、部分的に土を耕し締まった土をほぐすだけでは、かえってその部分に水がたまるようになってしまいます。水が抜けるようにするには、広く深く土を耕すと同時に、植え穴の底の硬い層を砕くことが重要です。

②排水層、暗きょの設置

　水がたまるような場合、①と合わせて、植え床の下に排水層を設けると効果的です。排水層に使用するのは、粗めの砕石や素焼き鉢を砕いたものなどがよいでしょう。専門業者に頼むのであれば、暗きょを敷設するという方法もあります。

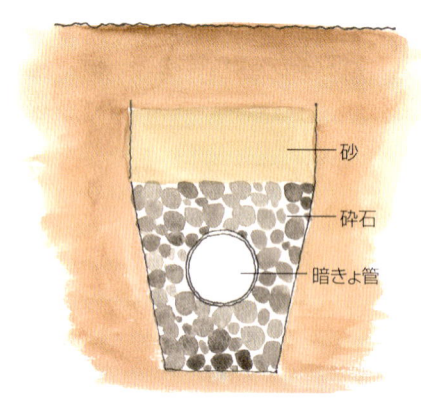

暗きょ設置の断面

③レイズドベッド（立ち上がり花壇）

　深く掘るのが困難な場合は、上に土を盛ります。レンガを組んだり、枕木などで囲うなどして地面より花壇が高くなるようにします。

　ここまで大がかりではなくても、盛り土をして植え床を高くするだけでもそれなりに効果があります。

3. 土壌の団粒構造の確保

　団粒構造については前述した通りですが、図4のように団粒構造の土壌は保

水性があって、排水性に優れている土壌です。団粒構造の土壌にするには、堆肥などの有機物を土にすき込むのが有効です。すき込まれた有機物を土中の微生物が食べて分解し、腐植をつくります。その腐植が微生物や根が分泌する有機酸によって土の中の粘土に付着し、団粒ができあがるのです。どんな有機物を混ぜるかについては、それぞれの土質によって違うので、土質にあった資材を選びますが、いろいろな種類の堆肥を混ぜた方が多様になって効果的です。未熟な堆肥は根に悪影響を及ぼす可能性があるので、いずれも完熟のものを使用するようにします。

レンガを組んだレイズドベッド

盛り土された植え床

水はけの悪い粘土質での土壌硬度の改善

繊維質の多い有機物（堆肥など）やパーライト、砂質土などを混ぜ込みます。

保水性の悪い黒ボク土や火山灰土の改善

保水性や粘りのある有機物（堆肥など）や、粘性土を混ぜ込みます。

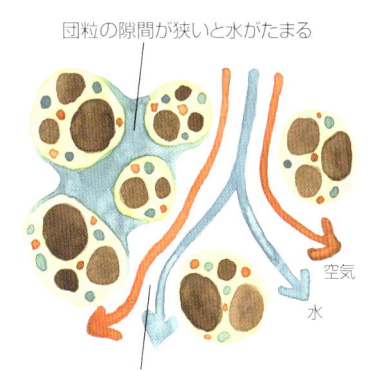

団粒の隙間が狭いと水がたまる

空気
水

団粒の隙間が広いと空気と水が流れる

図4 排水性と保水性の仕組み

乾湿の調整

マルチングが効果的です。マルチング資材にはいろいろな種類がありますが、一般的にはウッドチップや堆肥などが使われます。

ウッドチップによるマルチングの敷きならし作業

以上をまとめると、物理性の改善には土壌の団粒化が不可欠ですが、一朝一夕にはできることではないので、植え付け前の土壌改良はもちろん、植え付け後も株間の土壌改良や、マルチングなどで、有機物の補給を継続的に行うことが大切といえるでしょう。

化学性の改善

化学性の観点からみたよい土壌は、「植物が生育するのに必要な適度な養分を含み、土壌酸度が適切な範囲にある土壌」のことをいいます。養分を適度に保ち、それを植物にうまく供給できるかどうかということです。

土壌が硬いわけでも、水はけが悪いわけでもないのに、植物が元気に育たない場合は、土壌が養分をうまく保有できない状態かもしれません。このような場合は、土壌の化学性を改善して、土が養分をつかまえられるようにしましょう。

保肥力を上げる

土壌が肥料養分をつかまえることができる力を「保肥力」といいます。一般的には「肥料もちがいい」などともいわれます。

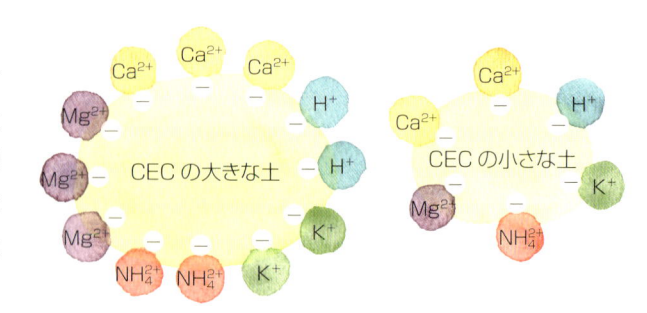

CECが大きいとたくさんの肥料成分を抱えることができる

図5 陽イオン交換容量の大きさの違い

土壌中で養分を直接蓄える成分は、土の粘土成分と腐植で、間接的には土壌微生物や有機物も関係しています。土壌が肥料養分を蓄える器の大きさ（陽イオン交換容量：CECといいます）は、基本的に、土壌に含まれる粘土の量、種類、腐植の量などで決まります。粘土質の土壌の方が砂質土よりも保肥力が高く、腐植が少ないよりも多い方が保肥力が高くなります（図5参照）。

　保肥力を上げるには、堆肥などの有機物を混ぜ込みます。やはりこれも一朝一夕では改善できませんが、堆肥を混ぜ込むことで物理的に保水性がよくなり、水に溶けた肥料養分が保持されやすくなるので、保肥力の向上が期待できます。

養分のバランスと適正なpH

　保肥力が高い土壌というのは、養分がたくさんあればいいということではありません。やはり、適度にバランスよく養分が含まれていなければ、うまく養分吸収ができずに土壌の養分が飽和状態になってしまいます。養分の濃度（塩基飽和度）が濃くなると根に悪影響を及ぼすことになります。

　バラが弱酸性から中性の土壌を好むということは前述しましたが、この土壌の塩基飽和度と土壌酸度（pH）は密接な関係があります。pHが低いほど塩基飽和度も低く、高いほど塩基飽和度も高くなります。塩基飽和度が80％くらいのとき、pHは6.5くらいになるといわれています。

　バラの台木の種類によっても好みのpHは違い、ノイバラはpH5.5〜6.5、カニナやラクサはpH7に近い方が生育はよいとされています。しかし、バラのような木本は草本と比べるとpHの影響を受けにくいようですが、それでも極端な土壌酸度の偏りは避けたいものです。

　また、酸性に傾きすぎると土壌微生物にも影響を与えます。土壌微生物の活力が低下すると、堆肥などの有機物の分解が進まず、せっかく土壌改良をしても効果を低下させてしまいます。

酸性の補正

　追肥を繰り返してきた土壌は、酸性に偏っていることが多く、窒素やリン酸がうまく吸収されなくなってしまいます。土壌の酸性を補正するには、天然のカキ殻や貝化石などのアルカリ性の土壌改良材を混ぜ込みます。石灰も代表的なアルカリ性の資材ですが、多用すると土が硬くなってしまうので注意が必要です。

難しいことをいろいろ書きましたが、厳密にこれら CEC や塩基飽和度を計測するには専門の機関に依頼する必要があります。しかし、土壌酸度くらいであれば、簡易的な検査キットを使って個人で行うこともできます。これらの情報を頭の片隅に入れておき、たまに土壌の pH 値くらいは計測してみると、見えない土の中でどんなことが起きているのかが想像できるでしょう。

化学性の改善も物理性と同様、団粒構造の土壌が不可欠です。そのために、継続的な堆肥のすき込みと、pH が大きく偏らない弱酸性の土壌を目指すということになります。

生物性の改善

生物性の観点からみたよい土壌とは、「土壌有機物（腐植）を適度に含み、土壌微生物が活性化している土壌」のことをいいます。

土壌微生物が豊富だと、有機物の分解力、窒素の固定力、病虫害の抑止力、有害化学物質の分解力などが高くなります。また、土壌の団粒化を促し、植物に必要な養分も供給してくれます。

土壌にはたくさんの微生物が棲み、土壌 1g あたりに 1,000 種類以上の数億から数兆の微生物が存在するといわれています。微生物は生物学的に大きく分けると「菌類（カビ）」「細菌類（バクテリア）」「藻類」「原生動物」の四つに分けられ、主に有機物を分解してくれるのは、「菌類」と「細菌類」です。

まず、カビなどの菌類が大まかに有機物を分解し、さらに酵母や乳酸菌などの細菌が、植物が吸収できる養分に分解していきます。また、ミミズなどの小動物たちは、ふんをしたり移動により、上下の土を入れ替えたりすることで、土壌の団粒化を促します。

豊かな土壌の形成には、これらの微生物や土壌生物が不可欠なのです。

多様な微生物、土壌生物の確保

微生物や土壌生物を増やし働きを活性化するには、餌となる堆肥などの有機物の投入が有効です。有機物を餌にして繁殖し、蓄積されていた有機物なども分解してくれます。この分解により、窒素をはじめとする多くの養分が生み出されます。また、生み出された窒素の一部は、増殖した微生物に取り込まれることで土の中に蓄積され、長期間にわたって窒素を放出します。

さまざまな種類の堆肥などの有機物を投入することで、それらを分解してくれる微生物や土壌生物も多様になっていきます。微生物や土壌生物はその大きさの違いごとに団粒の内外にそれぞれ棲んでいます。それらが多様になると、互いに共存したり拮抗関係が築かれて、病原菌の増殖をおさえるような働きもあります。

　森林のようにいろいろな動物や虫、植物などの死がいが堆積し、有機質が豊富で微生物や土壌生物がたくさん棲む豊かな土壌が理想です。それをぜひ目指したいものです。

身近な堆肥の種類と成分量

　次の表は身近に手に入る堆肥とその成分量です。目的に合わせたものを選びます。

表4 身近な堆肥の成分量

(単位：％)

	炭素率	全窒素	リン酸	カリ	pH	物理性の改善	化学性の改善	生物性の改善
牛ふん堆肥	16.5	2.10	2.06	2.19	8.4	○	○	○
馬ふん堆肥	20.4	1.40	1.60	1.60	—	○	△	○
豚ぷん堆肥	13.2	2.86	4.11	2.23	8.4	△	○	○
鶏ふん堆肥	12.5	2.89	5.13	2.68	8.5	△	○	○
落ち葉堆肥	19.9	0.70	0.10	0.40	—	○	△	○
もみがら堆肥	44.0	1.10	1.20	1.00	—	○	△	○
バーク堆肥	33.1	1.21	0.84	0.72	8.3	○	○	○
剪定枝堆肥	19.9	2.03	0.48	0.88	7.1	○	△	○

※出典：『堆肥のつくり方・使い方』農山漁村文化協会、『まちづくりのための北のガーデニングボランティアハンドブック』(財) 札幌市公園緑化協会

植物性堆肥と動物性堆肥

　堆肥には、植物性のものと動物性のものがあり、土壌改良に使用する場合は、それぞれ単品で使わず、いろいろな種類を混ぜた方が効果的です。

〈植物性堆肥〉

腐葉土（落ち葉堆肥）
　落葉広葉樹の落ち葉を積み重ねて腐熟させたもの。養分は少ないものの、時間をかけて堆肥化するため腐植が多く、高い土壌改良効果があります。

もみがら堆肥
　もみがらに米ぬかなどを混ぜて低温発酵させたもの。微生物を増やし、物理的土壌改良効果が高く、土をふかふかにします。牛ふんなどとの混合堆肥としても使われます。

バーク堆肥

　広葉樹や針葉樹の樹皮（バーク）に鶏ふんや油かすなどを混ぜて発酵させたもの。植物繊維が多いため、土壌改良効果が高く、肥料分も高めです。

ピートモス

　ミズゴケなどの湿生植物が腐植化したもの。鉢物に使うような細かいものではなく、長繊維状のものが適します。保水性や排水性を高めます。

ピートモスC級

枝葉堆肥（剪定枝堆肥）

　広葉樹の夏剪定枝を堆肥化したもの。葉、枝、幹などを混合して粉砕しているので、形質が多様で土壌の地力を高める腐植の量が多く、土壌改良に最適です。ただし完熟になるまでは時間がかかるので、未熟なものはマルチング材としての利用がおすすめです。

〈動物性堆肥〉

牛ふん堆肥

　豚ぷんや鶏ふんよりも肥効が穏やかなうえ、繊維質も多くて使いやすい堆肥です。もみがらやバークを混ぜたものが多くあります。

馬ふん堆肥

　牛ふん堆肥よりも養分が低いですが、有機物が多く含まれ繊維質も多いので、高い土壌改良効果が期待できます。

　補足になりますが、表4の通り、堆肥にも多少肥料効果があります。化学肥料とは違い、有機物の分解のしやすさなどにより分解速度が違うので、堆肥を混ぜ込んだ翌年もまだ養分が蓄積されていることもあります。これらのことも頭に入れながら堆肥を使用しましょう。

堆肥の投入量の目安

　堆肥の種類や基土の質にもよりますが、植え床の20～40％くらいの量を投入することになります。たとえば、50cm程の深さを土壌改良するのであれば、10～20cm厚程度の堆肥量になります。

植え床の土壌改良

　土壌改良の時期は、秋なら9月下旬ごろから10月いっぱいぐらいまで、春なら雪解け後の地面が乾く4月中旬ごろからが適期になります。植える場所は、可能であれば連作障害を回避するため、以前バラを植えていた場所は避けた方がよいでしょう。

土壌改良の手順

手順1

　土壌改良する植え穴の位置にスコップで印をつけ、中央部に土を寄せて少し盛ります。植え穴の大きさは、直径、深さともに50～60cmが理想です。かなりの重労働になるので、可能な限り大きくがんばって掘りましょう。

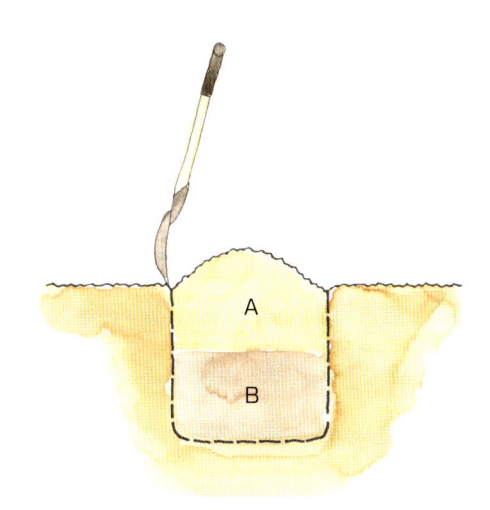

手順2

　まず、つけた印に沿って、植え床の半分ほどの表土（上層の土＝A）を掘り上げます。石や、他の植物の根などを取り除き、硬いかたまりになった土はスコップでたたいて崩しながら行います。

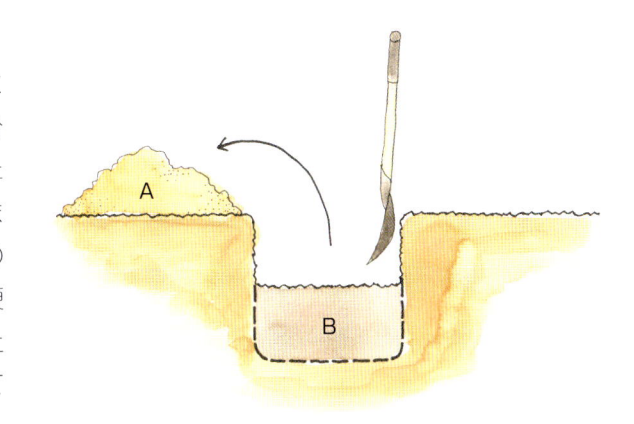

手順3

　半分ほどの表土を掘り上げたら、次にさらに下の心土（下層の土=B）を、手順2で掘り上げた表土（A）とは別の場所に分けて掘り上げます。植え穴はすり鉢状になりやすいですが、なるべく垂直になるように心がけて掘りましょう。

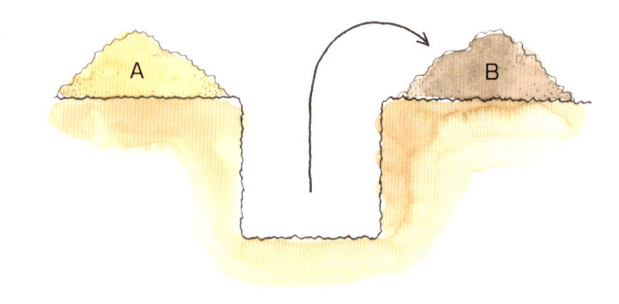

手順4

　目的の深さまで掘れたら（理想は50〜60cm）、金てこなどで植え穴の底の部分を砕いておきます。この作業で植え穴内の水はけが向上します。

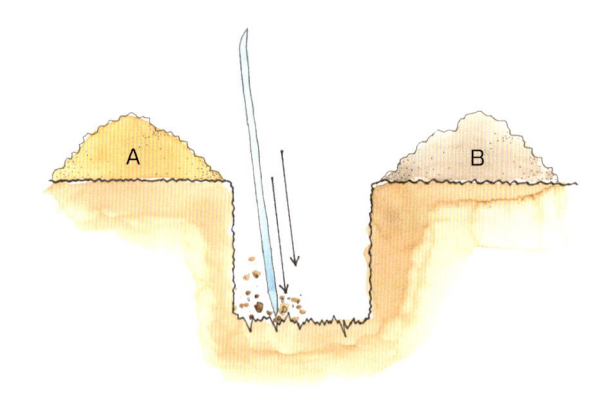

手順5

　最初に掘った上層の土（A）を植え穴に戻します。全体に使用する土壌改良剤の半量と、元肥を入れるのであれば熔成リン肥などを戻した土の上に敷きならし、土とよく撹拌します。混ぜたら隙間ができないように足で踏んでおきます。

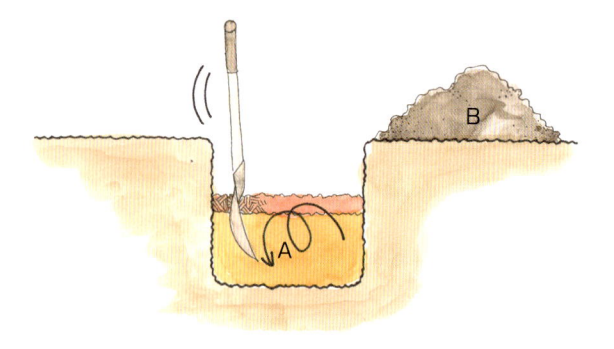

郵便はがき

```
0 6 0 8 7 5 1
```
672

料金受取人払郵便

札幌中央局
承　認

2337

差出有効期間
2024年12月
31日まで
（切手不要）

（受取人）
札幌市中央区大通西3丁目6

北海道新聞社 出版センター

愛読者係
行

お名前	フリガナ		
ご住所	〒□□□-□□□□		都道府県
電話番号	市外局番（　　　）　―	年齢	職業
Eメールアドレス			
読書傾向	①山　②歴史・文化　③社会・教養　④政治・経済　⑤科学　⑥芸術　⑦建築　⑧紀行　⑨スポーツ　⑩料理　⑪健康　⑫アウトドア　⑬その他（　　　）		

★ご記入いただいた個人情報は、愛読者管理にのみ利用いたします。

愛読者カード

北海道で育てるバラ

　本書をお買い上げくださいましてありがとうございました。内容、デザインなどについてのご感想、ご意見をホームページ「北海道新聞社の本」の本書のレビュー欄にお書き込みください。

　このカードをご利用の場合は、下の欄にご記入のうえ、お送りください。今後の編集資料として活用させていただきます。

〈本書ならびに当社刊行物へのご意見やご希望など〉

■ご感想などを新聞やホームページなどに匿名で掲載させていただいてもよろしいですか。　（はい　いいえ）

■この本のおすすめレベルに丸をつけてください。

高（　5・4・3・2・1　）低

〈お買い上げの書店名〉

　　　都道府県　　　　　　市区町村　　　　　　　　　　書店

Doshin Books　北海道新聞社の本　道新の本　検索

お求めは書店、お近くの道新販売所、インターネットでどうぞ。

北海道新聞社 出版センター　〒060-8711 札幌市中央区大通西3丁目6
電話／011-210-5744　FAX／011-232-1630　受付 9:30〜17:30(平日)
E-mail／pubeigyo@hokkaido-np.co.jp

手順6

その上に手順3で掘った下層の土（B）も植え穴に戻します。手順5と同様に残り半分の土壌改良剤や元肥などをその上に敷きならし、土とよく撹拌します。混ぜたら、同じように足でならしながら、隙間ができないように足で踏んでおきます。

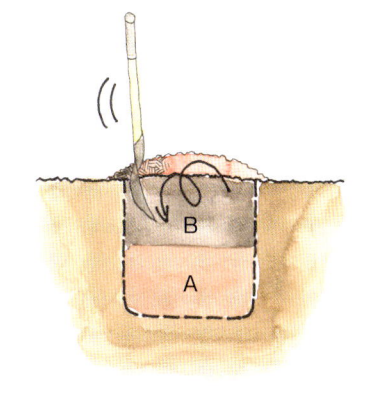

手順7

掘り上げた土や周囲に残った土を集め、スコップで表土をたたきながら、水がたまらないようにこんもりと山になるように仕上げます。そのまま冬越しして翌年植え込みを行う場合は、場所がわからなくならないよう、目印になる棒などを立てておくとよいでしょう。

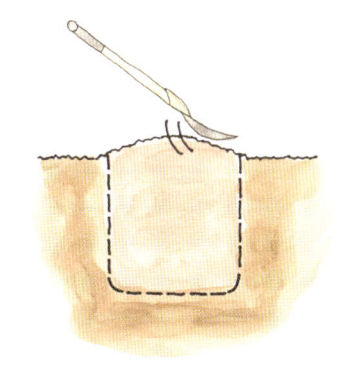

元肥を入れるかどうか

　前述したように、厳しい冬のことを考えると、安易に元肥を多用するのは危険ともいえます。北海道のように寒さが厳しい北米やカナダ、北ヨーロッパなどでは、元肥に頼らないバラ栽培が一般的になっています。

　しかし、バラはリン酸分の要求度が高く、火山灰土が主体の北海道ではリン酸欠乏を起こしやすくなります。そのため、有機物と一緒に過リン酸石灰や熔成リン肥など、追肥では吸収しにくいリン酸肥料をあらかじめ元肥として混入しておくことは効果的といえます。

　いずれにしても、その必要性は一様にいえません。むやみに用いるのではなく、必要性を見極めたうえで利用したいものです。

すでに植えてあるバラの土壌改良

　バラは何年でも育てられる永年性の植物ですが、同じ場所でずっと育てていると連作障害が生じてしまいます。

　連作障害とは、同じ植物あるいは同じ科の植物を連続して栽培し続けると、病気や栄養障害が起きてしまうことをいいます。連作障害が起きる原因はいくつか挙げられます。

　一つ目は、同じ植物をつくり続けていると、その植物に必要な養分ばかりが失われ土壌の栄養バランスが崩れてしまうことです。

　二つ目は、一つの植物をつくり続けることで、土壌微生物の多様性が崩れ、抵抗力が落ち、増殖した病原菌によって病気などが引き起こされてしまうことです。

　三つ目は、植物に寄生するタイプのセンチュウが、同じ植物をつくり続けることで増え、そのため障害が発生することです。

　また、土壌の団粒構造が崩れるため、通気性や通水性が悪くなり、生育が急に悪くなることがあります。これらのことを回避するには、継続的に有機物を投入し、土壌改良を行うことが必要になるのです。

　この作業は施肥作業とは全く意味が異なるので、混同しないようにしましょう。あくまでも、土壌環境を向上させ、有用微生物を活性化し、根の生育を促進させることが目的になります。

　既存のバラの土壌改良も、時期としては新規の植え床の土壌改良と同じで、秋の9月下旬ごろから10月いっぱいぐらいまでか、春の雪解け後の地面が乾く4月中旬ごろが適期になります。

春の土壌改良の様子

土壌改良の手順

　すでにバラが植えてある場合の土壌改良は、バラを掘り上げて行うわけにはいかないので、株元の土壌を定期的に改良していくことになります。やり方としては、次の二通りの方法があります。

①株間に溝を掘り、土壌改良材を混ぜ込む

　株と株の間に幅20～30cm、深さ30～40cm程度の溝を掘り、その中に腐葉土やピートモス、完熟堆肥などの有機物を入れ、土を戻しながらよく撹拌します。土中の有機物は分散しているよりも一カ所にかたまっている方が、有用微生物の活動に向いた環境になるので、改良した箇所に根が伸び出します。

　ある程度根を切ることになるので、なるべく休眠期に行います。生育が始まる雪解け後すぐに行えば、雪でしまった土壌をほぐす効果もあり最適です。ただ、雪の多い地域では雪の下で早々と根が動き出しているので、心配な場合は、ほぼ

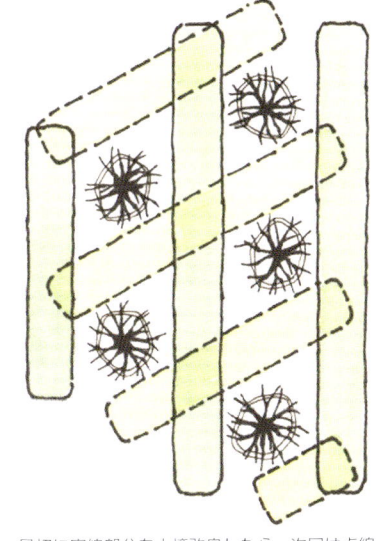

最初に実線部分を土壌改良したら、次回は点線部分の土壌改良をする

休眠に入り、土がまだ凍結しない11月ごろに行うのもよいでしょう。

その都度、掘る溝の位置を変えれば、数年で株の周りをぐるりと土壌改良を行うことができ、四方に根が伸びることになります。この作業は3年に1回程度行ないます。

②植え床の表面全体に土壌改良材を混ぜ込む

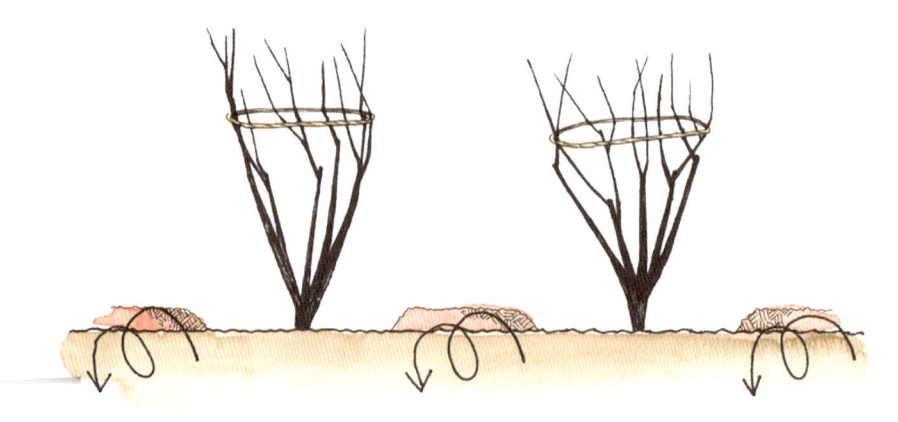

腐葉土、ピートモス、完熟堆肥などの有機物を株元の植床全面に敷きならし、表土10cm程と混ぜ合わせます。ピートモスなどをマルチングに使用している場合は、これらを表土と混ぜ合わせるだけでもよいでしょう。

深く撹拌しないため根を傷めることもなく、春の萌芽後でも行うことができます。比較的手軽にできますが、バラは土壌環境がよいと根が深く伸びるので、本格的な土壌改良には①の方が効果的です。モダンローズなどには毎年補助的に行います。

土壌改良を続けて、ある程度土壌がよくなった花壇の場合

植え付ける前にしっかり土壌改良をしておけば、その後の土壌改良の手間は軽くなります。ある程度、土壌改良の効果を感じられるようになってきたら、あとは自然の仕組みにならってみましょう。

図6のように自然界での植物は、太陽の光や雨を浴びて有機質である葉をつくります。できた葉の落葉や枯れ枝、倒木、虫や草食動物、肉食動物などのふんや遺がいなどが堆積し、それらが微生物によって分解され土に還り、ふかふ

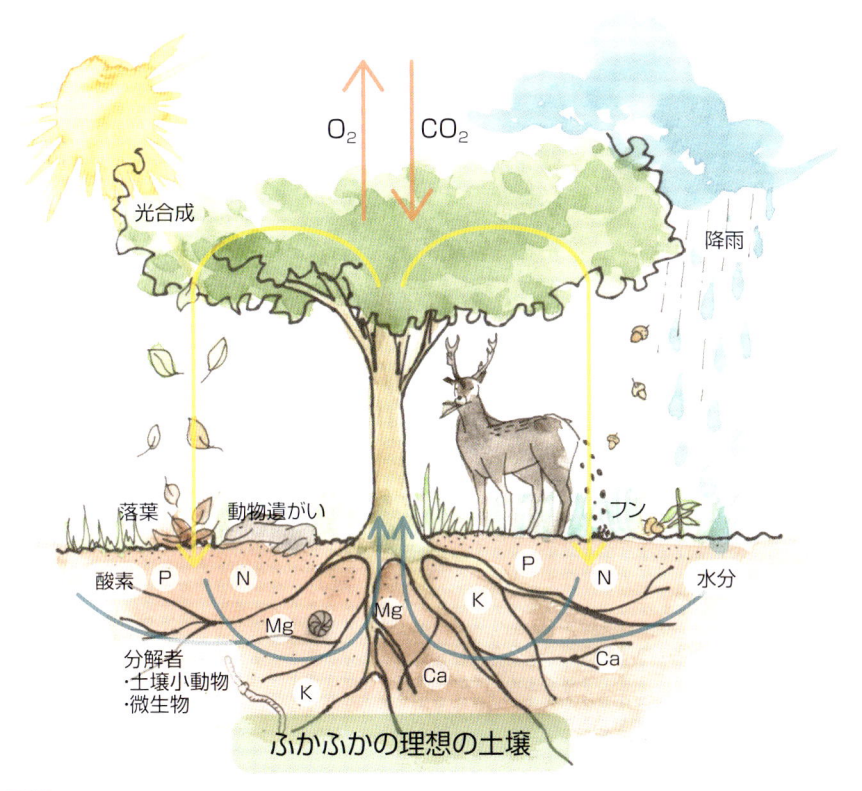

図6 自然界の循環

　かの豊かな土壌になっていきます。これにならうと、無理に土を混ぜ返すのは逆に土中の生物圏を侵すことになり、土中のバランスを崩してしまうともいえます。
　そこで、堆肥やウッドチップなどの有機物でマルチングを施すだけで有機質を補給するということも考えられます。ただし、これはあくまでも、排水性の問題などをクリアし、ある程度土壌ができてから有効になる方法なので、最初の土壌改良はがんばって行いたいものです。

中耕

　雪解け直後には、中耕も忘れずに行いたいものです。中耕とは、作物の生育中に表土を浅く耕すことをいいます。

　特に雪の多い地域では、雪の重みで表土は硬く締まっているので通気性が悪くなっています。株元を傷つけないように手ぐわやホーなどで表土を10cmほど砕くように引っかいてほぐしましょう。そうすることで、通気性や通水性がよくなり、根の生育を助けてくれます。この作業は、土壌改良作業や施肥作業などと一緒に行うと手間になりません。

　また、バラの株周りにマルチングを施している場合は、マルチングの下の表土はしまっていないので、中耕作業は必要ありません。

小さな熊手があると便利

株元を傷つけないよう細心の注意が必要

苗木を購入する

流通している苗の規格

　北海道では4月中旬ごろから園芸店にバラ苗が並び始めます。

　前年から園芸店に予約を入れたり、近年は園芸店以外でもインターネット通販で苗を購入するという方も多いかもしれません。ただ、通販はどんな苗が届くのかわかりません。また、運搬中に苗が傷んでしまう可能性もあるな

園芸店に並ぶバラ苗（6月中旬ごろ）

ど、実物を見ずに苗を購入すると、それなりのリスクも伴います。苗はできる限り実物を見て購入することをおすすめします。流通している苗の規格には下表のようにいくつかの種類があります。

表5　流通している主な苗の規格

新苗	夏から秋に芽接ぎした苗や冬に接ぎ木した苗。小さい苗木。
2年生大苗	新苗を畑で一夏育てた苗木で、新苗よりも枝が充実している。北海道で販売されているのはこの大苗。
長尺苗	通常短く枝を切りそろえられて販売されているが、長尺苗は極力枝を切らずに枝が長く確保されている。価格は高くなるが速効性がある。

　新苗は安価で育てる楽しみがありますが、枝が充実していないので、北海道のように厳しい冬を無事に越冬させるには不安があります。そのため、北海道では枝が太く充実した大苗の流通が主流になっています。

　また、つるバラにおいては長尺苗も流通しています。大苗と比べて流通が

2年生大苗の裸苗

少ないので品種の選択肢が少なく高額になりますが、すでに枝が長いため、購入してすぐに場面をつくることができます。

接ぎ木苗と自根苗

日本で流通している苗木には接ぎ木苗と自根苗があります。それぞれの苗のメリットとデメリット、また北海道での栽培に適しているかどうかなどを説明します。

接ぎ木苗

接ぎ木苗の裸苗。接いだ部分にビニールテープが巻かれている

日本で流通している苗木の多くは「接ぎ木苗」といって、強健なバラの原種の根を台木として、それに苗木とする種類の芽や枝を接いでつくられた苗木です。台木の根を利用して地上部の成長を促進させるという仕組みです。接ぎ木の利点は生育が早いところにあります。これは生産者にとっても大きなメリットといえます。また、現代のバラの育種は接ぎ木による増殖を前提に行われているので、自分の根では生育が弱かったり、自分の根が出にくい品種もあり、接ぎ木でなければ増殖が難しいという場合があります。しかし、北海道のように寒さが厳しい地域では、接ぎ目部分が凍害を受けることがあるので注意が必要です。

日本の接ぎ木苗の台木の多くはノイバラが主流になっています。台木に使用されるのは、種をまいて増殖する実生により選抜された、病気に対して抵抗力が強い台木が利用されています。また、海外の苗は主にロサ・カニナやロサ・カニナ'ラクサ'を台木として使用しています。近年は輸入苗も増えており、北海道ではノイバラよりもカニナの方が有利な点もあります。

自根苗

「自根苗」とは、実生や挿し木で増殖された、自らの根で育つ苗木のことをいい、主に挿し木苗が流通しています。北海道よりも寒さが厳しい北米やカナダでは、接ぎ目が凍害を受けやすいので自根苗の需要が高く、広く利用されています。

接ぎ木苗に比べて生産に時間がかかり、苗の品質にばらつきが出ます。しか

し、接ぎ目部分からの病菌の侵入がないため、台木が原因となる根頭癌腫病の心配がなく、木が長生きする可能性が高いといえます。また、台木の性質に左右されないため、オールドローズなどは品種本来の花色や香り、花形が期待できます。

特に北海道の気候においては接ぎ木苗よりも自根苗の方がメリットが大きいので、可能な限り自根苗の購入をおすすめします。

挿し木で増やされた自根苗

よい苗を選ぶポイント

苗木を購入するときは、次のポイントに気をつけてよい苗木を入手しましょう。

●苗の種類が一番出そろっている時期に購入する

多くの園芸店でバラ苗を扱い始める春先は、一番数が豊富で、たくさんのなかから苗を選ぶことができます。通販を利用する場合は、9月ごろから翌年の予約が始まります。早めに予約をして翌年の5月ごろに納品してもらいましょう。

●枝が太くて力強いもの、根元の幹が太いものを選ぶ

太い枝でしっかりした株は、その後の生育も期待できます。また、茎の色が緑色でみずみずしくハリがあるものを選びましょう。脱水症状で茎にしわが寄っていたり、蒸れて枝が黒ずんだりしていないかよく観察します。

●病気や害虫に侵されていないものを選ぶ

病気や虫がついていない、健康な苗を選びます。

●ラベルがしっかりついているもの

品種名がわかるように、しっかりラベルがついているものを選びたいものです。名前がわかっていれば後々詳しい情報を調べることができます。

購入した苗の植え付けまでの管理

　以前と比べると、近年の園芸店などで販売されているポット苗は、それぞれの園芸店のこだわりの用土であったり、ポットも余裕のある大きさに植えられたものが増えてきました。その長所をいかせば、購入後、鉢のまま液肥などを与え、鉢の中で十分に根を張らせてからゆっくり植え付けることができます。逆に根が張っていない状態で植え付けようとすると、鉢を抜いたときに根鉢が崩れ、根を傷めてしまう恐れがあるので注意が必要です。

　しかし、見かけは同じような鉢植えでも、鉢の大きさや用土によっては、植え付けまでの管理は異なるので、購入した鉢植えの状況で判断することになります。

株の大きさに比べて、明らかに小さい鉢に植えられている場合

　店頭での販売での仮植えと考えられます。仮植えなので長く育てることを考慮していないため、用土はピートモスだけの場合もあります。ピートモスで植えられていた場合は、すぐに地植えするか、培養土を使って鉢増しします。

　用土が培養土の場合は、鉢から抜いてみて根が回っているようであれば、少し根鉢の周りをほぐし、あまり土を落とさないようにして地植えしてしまうか、すぐに植え付けができないようであれば、適正な培養土で一回り大きな鉢に植え替えをしておきましょう。根が回っていない場合は、水やりしすぎないよう注意して、早く鉢中に根が回るように管理します。

比較的大きな鉢に植えられ、用土もよいものが使われている場合

　冒頭でも触れたように、近年は長期間そのままで生育させることができるように、比較的大きな鉢に適正な用土で植えられて販売されているものが増えてきました。

　この場合はとても管理がしやすく、植え付けまでの間は用土が乾いたらたっぷり水やりを行い、施肥も的確に施すことで生育を促進させます。3000倍くらいに薄めた、かなり薄めの液肥を水やりの度に与えるのも効果があります。根がある程度鉢中に回ってから、地植えをするか、大きめの鉢に鉢増しします。

根巻き、裸苗の場合

　どちらもなるべく早く地植えにするか、鉢植えにします。裸苗の場合はよく吸水させてから植え込みます。根はよほど痛んでいない限り、切る必要はありません。また、芽がすでに伸びていたり、葉が展開している場合は、一旦鉢植えに植え込み、風の当たらない場所で養生し、鉢中に根を回してから地植えした方が植え傷みを回避することができるでしょう。

植え付けまでの鉢栽培

　バラを鉢植えで管理するのは、地植えで管理するよりもとても手間がかかり、株の老化も早くなるので、長期間の栽培に向いていません。しかし、地植えしてしまってから、イメージと違っていた、生育環境が合わないなどの理由から移植を繰り返すとバラに大きなショックを与えます。できるだけ一度植えた場所から動かさなくてもいいように、植え場所をじっくり考えるために1年間鉢植えでしっかり管理をしておくのも得策です。鉢で管理している間に、慌てず最適な植え場所を見極め、土壌改良をしっかり行うことができます。

　適切な管理を行えば、鉢で1年間栽培するのは難しいことではありません。一番日当たりのよい場所に移動が容易なうえ、液肥による肥培もしやすく、越冬も有利になります。

　特に長い枝を確保したいつるバラの場合、購入した年だけでも鉢植えにしておくのも効果的です。できるだけつるを伸ばし、冬は株ごと横倒しにして越冬させます。鉢を庭に寝かせるだけなので、手間もかからず、枝折れの心配もありません。無事に越冬した長い枝は、翌年には枝の途中からシュートが発生することも期待できます。一度冬を経験した枝は耐凍性が高まっているので、翌年の冬に凍害を受けるリスクは低くなります。

苗木の植え付け

庭への植え付け

　苗木の植え付けの手順を解説します。すでに植え床が準備されている場合はすぐに植え付けることが可能です。

裸苗の植え付け手順

　裸苗を植え付ける場合は、苗の入手後できるだけ早く植え付けます。

手順 1

　植え付ける前に、水を張ったバケツに入れて、2時間から半日ほどしっかり吸水させます。
　接ぎ目に巻かれているテープは、生育していくと食い込む恐れがあるので、株を傷つけないよう細心の注意を払ってはずします。

吸水中の裸苗

手順 2

　接ぎ木苗の場合、シュラブローズなど自根の発生が期待できるものは、接ぎ目がやや地表の下に来るくらいの穴を掘ります。穴の中央が少し高くなるように土を盛った後、根が四方に広がるように株を配置し、土を戻します。

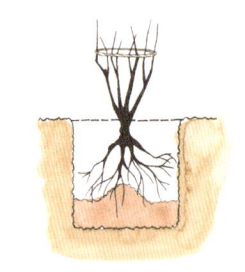

根をのびのびと広げる

手順 3

　土は一気に戻さずに、隙間ができないように突き棒などで戻した土を突きながら、2〜3回に分けて戻します。

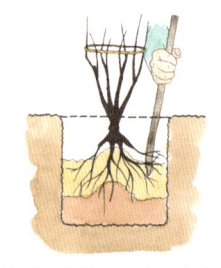

根の間に土が入るように突く

手順4

全部土を戻したら、さらに株の周りの土を踏んで仕上げます。

水鉢（株元に水をためるためのドーナツ状の土手）をつくり、バケツ1～2杯ほどの十分な量の水を、株元にゆっくり与えます。風当たりが強い場合や、枝が長い株の場合は、支柱をして株元が動かないように固定した方が早く根付きます。

鉢苗の植え付け手順

適当な培養土に植えられているものは、根詰まりを起こさない限り、植え時期を選びませんが、冬になるまでに十分に根を張らせたいので、真夏の暑さが来る前の7月上旬までに植え付けましょう。

根鉢が崩れない程度にしっかり根が回っている場合は、根鉢の周りの固まった根だけを優しくほぐして植え付けます。根鉢がしっかりできていないものは、根を触らずにそっと崩さないように植え付けます。

鉢の土は少し乾かし気味にしておくと、鉢から抜いたときに根鉢が崩れにくく植えやすくなります。

手順1

原種類やシュラブローズなど自根の発生が期待できるものは、あらかじめ土壌改良を行っていた植え穴を、苗木の接ぎ目が地面より3cmほど下になるような深さに掘ります。ハイブリッド・ティーなどの自根が出にくい系統は、接ぎ目が出るくらいの深さにします。

手順2

株元を片手で持って、鉢の外周をトントンとたたいて鉢から抜きます。根鉢が崩れないように注意しましょう。

> 手順3

　掘り上げた土の半分くらいを苗木の周りに戻し、隙間ができないように足で踏みます。その後、全部の土を戻し、同じように足で株周りをよく踏んでおきます。このとき根鉢の部分は決して踏まないように注意します。

> 手順4

　表面の土で株周りに土手を盛り、水をためる水鉢をつくります。水圧を弱くしたホースかバケツで時間をかけて十分水やりをします。
　植え付け後は、葉がしおれてくるようであれば何度か水やりをしますが、基本的には雨まかせになります。

> 手順5

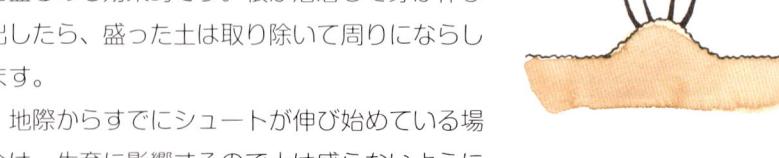

　株の乾燥を防ぐために株元に15cmほど土を盛るのも効果的です。根が活着して芽が伸び出したら、盛った土は取り除いて周りにならします。
　地際からすでにシュートが伸び始めている場合は、生育に影響するので土は盛らないようにします。

株を傾け、ぐらつかないよう支柱をする

つるバラの植え付け

　つるバラの植え付けも基本的には、他のバラと同じですが、ランブラー系など、シュートの発生がその後の生育や開花に大きく影響するようなものは、構造物に向かって斜め30度ほどになるように傾けて苗木を植え付けます。こうすることで株元に十分日が当たり、シュートが発生しやすくなります。

鉢への植え付けと植え替え

鉢の大きさと種類

　バラは根張りが旺盛な植物なので、鉢の大きさは幅、深さともに大きめのものを選びます。一般的に鉢の大きさは号数で表され、1号あたり3cmずつ大きくなります。

　小型のミニチュア系でも1年目は6号鉢、それ以降は成長に合わせて7〜8号の鉢を使います。その他の系統では1年目から7〜9号鉢、その後は成長に合わせて大きくしていきます。

　鉢の種類は、一般には水やりの頻度や越冬時の破損などを考慮して、プラスチック製のものが使われます。根の生育を考えると、他の植物と同様にやはり通気性のよい素焼き系の鉢がいいのですが、乾きやすいのでこまめな水やりが必要になります。

用土

　乾き過ぎるのを回避するために、多少重めの用土を使います。赤玉土や赤土を主体に、腐葉土や完熟堆肥などの有機質の土壌改良剤を2〜3割混合したものなどがよいでしょう。リン酸分の高い元肥専用の肥料を適量混ぜます。プラスチック製の鉢は火山レキなどを混ぜて水はけをよくします。鉢底に入れるゴロ土は火山レキの大粒などの他、炭を適当に砕いたものも適します。

裸苗の鉢への植え付け

　裸苗を購入した場合は、地植えと同様に入手後できるだけ早く植え付けます。植え付ける前には、必ず2時間から半日ほどしっかり吸水させます。植え付けの手順は、次の「植え替えの手順」を参照してください。

　裸苗の場合は、根数が少ないので、なるべく根を切らないようにしましょう。

水上げ中の裸苗

植え替えの手順

　バラは根の生育が旺盛なため、根詰まりを起こしやすい植物です。鉢植えの

ような限られた用土の中で長く育てていると連作障害を起こし、病害の発生や株の老化につながります。新たに苗を植えた場合は、2年間ほどは同じ鉢のままでも育てることができますが、その後は毎年植え替えを行った方がよいでしょう。

　植え替えは芽の動きのない12月から翌年4月ごろの休眠期に行います。屋外で行う場合には、雪解け後、芽が伸びる前の4月上旬から中旬が適期になります。もしガレージや物置などで作業が行えるのなら、まだ雪のある時期から早めに行った方が、その後の生育は有利になります。

植え込みに使用する道具
右：ハサミ　中：突き棒　左：土入れスコップ

手順1

　根鉢の絡まった根をほぐすように、周囲と底面の根が固まった部分を手でほぐします。根がぎっしりつまっている場合はドライバーなどでほぐしていきます。

根をほぐす

手順2

　植え込む鉢の大きさに合わせて、伸びた根を鉢におさまるところで切ります。傷んだ根は切り去ります。

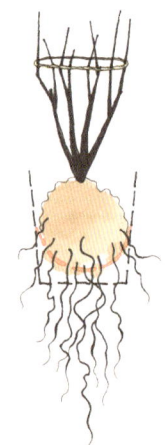

> 手順3

　バケツなどに水をくみ、株を入れて土を洗い落とします。根だけの状態にして傷んだ根があれば、再度切り去ります。

> 手順4

　根の状態に合わせて、根張りの大きさの二回りほど大きい鉢を選びます。接ぎ目は無理に埋める必要はなく、それよりも根が伸びるスペースをできるだけ確保する方を優先します。
　根は丸めて鉢に押し込んだりせず、自然に四方に広がるように配置します。根の隙間に土がしっかり入るように突き棒で突き固めながら植え込んでいきます。
　水やりのため、10号鉢で5cmほどのウォータースペースは必ず確保します。

　植え替え後は風の当たらない半日陰の場所に置き、根の活着を促します。植え替え直後は十分に水やりしますが、その後は表土が乾き始めるのを待ってから与えます。

　なお、植えている鉢が小さく、まだ鉢を大きくしてもよい場合は、他の鉢植えでも行う「鉢増し」でもよいでしょう。その場合は、根がびっしりと回っている株は根鉢の周囲だけドライバーなどで崩して、二回りほど大きい新しい鉢に植え込みます。根があまり回っていない場合は、そのまま一回り大きめの鉢に植え込みます。ただし、根が傷んでいる場合は、やはり一度根を水で洗い、傷んだ部分を切り去ってから植え込んだ方がよい場合もあります。

移植

バラは移植が難しい

　バラは土をつかむ側根が株元に密生せず、根の先端の方に集中するので、かなり大きめに掘り取っても、他の庭木の移植などで行う株元の土と根を崩さない「鉢」を簡単につくることができません。そのため、木本植物のなかでも移植が難しい部類に入ります。よほど注意深く掘っても、切断された太根が数本残るだけの状態になり、水上げに必要な細根の数が少ないため、移植によるダメージは大きなものになります。

　数年間育った枝を数多く、しかも長く残して移植することは難しいのですが、枝をできるだけ切らずに移植できれば、芽数も確保でき、その後の生育が有利になります。そのためには、移植時期と方法を的確に見極める必要があります。

移植の手順

　芽がふくらみ始め、葉が展開する前が最も生命力があり回復も早いので、早春が移植の適期になります。しかし、切断された主根の切り口が癒合され、その後、側根が発生するまでには時間がかかり、芽出しに影響します。そこで、バラの性質を考えるのであれば、庭木で行われる根回しと同様に、移植前年の春にあらかじめ株元の主根をよく切れるスコップで切っておき、株元近くに側根を発生させておいてから、翌年の早春に移植するのが最良の方法でしょう。

　しかし、実際はこのような準備期間が確保できないことが多く、その場合は、10月中旬以降に行います。

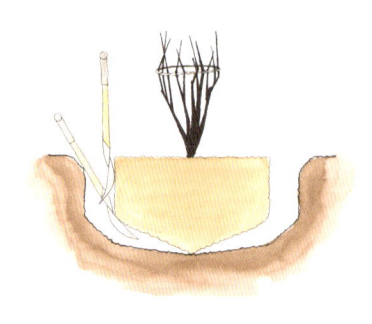

手順 1

　秋、枝の葉を全て取り除いた後に、先をよく研いだ剣先スコップを使い、株元から30〜40cmほど離れたところを垂直に、根をスパッと切るように差し込みます。下の方はえぐるようにして下に伸びた根を切ります。

手順2

もとの植えてあった場所か、移植先に株を倒して越冬させます。根と株元が地面の下になるように植え穴を掘り、株上に十分土を盛っておきます。

手順3

翌年、仮植えしておいたものを、雪解け後、庭土が乾いてから、新たな植え場所に植え込みます。

前年に根切りした部分よりやや大きめに掘ります。掘り上げや植え付ける際は、根を傷めないように注意します。

植え付けたら、株の周りに土手をつくり中に水をたっぷりと注ぎます。株を軽く揺すりながら土と根をよく密着させます（水決めといいます）。水がなくなったら土の沈んだ分の土を足し、また水を与えて、さらに沈んだ分も土を足します。必要があれば支柱をし、乾燥を防ぐために株元に盛り土をするのも効果的です。晴天日が続き、植え床の乾きが激しくなったら、たっぷりと水やりしますが、過湿は禁物です。

作業するときは強い日差しや風の強い日を避け、場合によっては、株の周りに支柱を立てて、防風ネットや遮光ネットで覆っておくとよいでしょう。

手順4

新芽が伸びてきたら活着した証拠なので、芽が出てこない枯れた部分だけを切り去り、肥料を与え始めます。株に勢いをつけるため、全ての芽を伸ばし、枝先についたつぼみを繰り返し摘みます。花に養分を使わない分、株は充実します。樹形をつくるのは翌年以降になります。

剪定

　バラの剪定は難しいと思われがちですが、剪定をする目的やポイントをおさえれば、決して難しい作業ではありません。重要なのは、シーズンを通してたくさん花を咲かせ、どれだけ元気な葉をたくさんつけておき、いかに健全に株の状態を保つことができるのかということです。それに必要な作業の一つが「剪定」なのです。

剪定の様子

　剪定の方法は一様には語れず、基本をおさえ、各系統や品種の特性だけではなく、その株の状態に合わせて丁寧に剪定をする必要があります。まずは、なぜ剪定を行うのかについて整理してみましょう。

剪定の目的と作業

　バラの剪定は、次の四つの目的で行い、枝をもとから切り去る「枝抜き」と、高さを調整する「切り詰め」の2種類の作業になります。特に枝抜きがバラの生育に影響するので重要です。

1. 枝の更新（枝抜き）

　「バラの一生」（p73）でも説明した通り、バラの枝は繰り返し咲き性のものでおおむね2〜3年、一季咲き性のものでも5〜7年程度で老化していくので、古い枝を除去し、新しい枝を生かします。若い枝が多いと樹勢は活性化するので、開花枝やシュートの発生が多くなり、耐病性も維持することができます。

　新しい枝とは、毎年発生するシュートのことで、特に前年に伸びたシュートは宝物です。繰り返し咲き性のものは、だいたい過去3年以内に出た枝だけで構成できるのが理想です。一季咲き性のものは異なり、枝の途中から出るサイドシュートが出続ける限り、何年でも枝を生かすことができます。

黄緑色が新しい枝で白っぽいしわが目立つのが古枝

新しい枝と古い枝の見極めは、枝の見た目や脇枝の状態などから判断できます。新しい枝は緑で張りがあるのに対し、古い枝は茶色でしわが多くなり、開花しない弱い脇枝を多くつけるようになります。

一方、サイドシュートを利用するシュラブローズやつるバラは、勢いのあるサイドシュートが出ているかいないかで切り去るかどうかを判断します。

枝数が確保できた完成した株の場合は、前年に出たシュートが1本残れば、一番古い枝を1本除去するというように更新していきます。

2. 病害の回避（枝抜き）

株中で枝が混み合い、上部の枝の陰になった弱小枝は病害を誘発する原因の一つになるので、除去していくことになります。どれだけ枝を抜いていくかは、それぞれの耐病性の強さによって異なります。

ブッシュローズは太枝だけを残し、全ての弱小枝を切り去るのに対し、シュラブローズなどは樹形を保つために必要であれば細枝も残します。

コンプリカータ（G）
枝数が多くても強健なので問題ない

当然ですが、凍害枝や凍害箇所は病害を誘発するので切り去ります。

また、不要な弱小枝を切り去ることで養分が分散せず、残した枝にしっかり養分が届くようになります。

開花！
今年伸びた脇枝（当年枝）
前年伸びた枝（基枝）

バラは当年枝に開花する

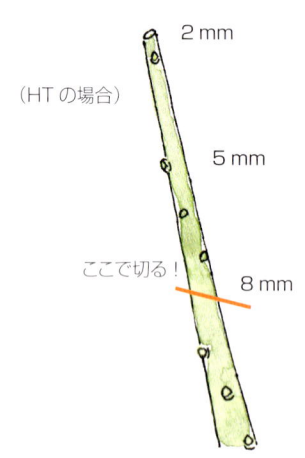

2 mm
（HTの場合）
5 mm
ここで切る！
8 mm

枝は付け根に向かって太くなる

3. 開花枝の発生を促す（切り詰め）

　バラはその年に伸びた枝（当年枝といいます）に花を咲かせます。また、頂芽優勢の性質があるので、通常、剪定後、枝の一番先端の芽（頂芽）とその下の2段目の脇枝が伸びて開花枝になります。その脇枝が開花できるかどうかは、脇枝を出す基枝（前年伸びた枝）の太さが大きく影響するので、開花枝を出せる太さなのかどうかを見極めていきます。脇枝は、基枝以上の太さにはなりません。

　残す基枝の太さの目安は以下の通りです。

HTやLCl、HPなどの大輪種
　鉛筆以上の太さ（8mm以上）
Flなどの中輪種
　割り箸くらいの太さ（5.5mm以上）
シュラブローズやオールドローズ
　焼き鳥の串程度の太さ（3.5mm以上）

　また、枝は先端が一番細く、枝の付け根に向かって太くなっていくので、枝の先端から付け根に向かってよく見て、開花枝を出せる太さになったところで切ることになります。

4. 整姿（切り詰め）

　整姿とは樹形を整えることです。バラの頂芽優勢の性質から、基本的には頂芽の位置や向きが樹形を左右します。頂芽が伸びた状態を予想し、伸びた枝が混み合わず、あいたスペースに伸びていく理想の形を目指します。

　枝は株の中心から外側に向かって広がるように伸びた方が、枝が混み合わずにすむので、基本的には外側を向いている芽（外芽）を優先しますが、樹形によっては内側に向かっている芽（内芽）を残す場合もあります。

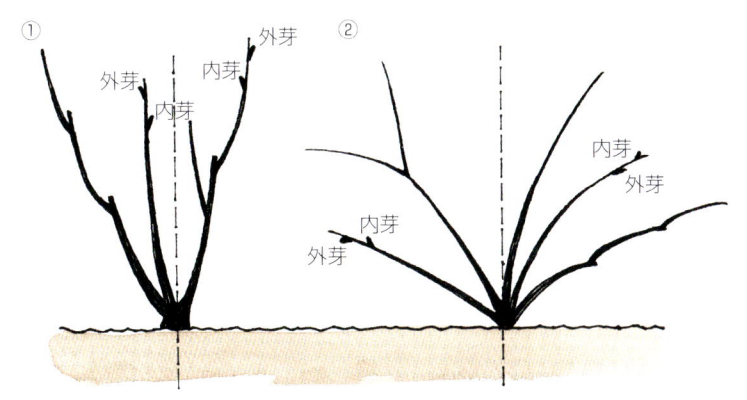

中心から見て外側が外芽、内側に向かっているのが内芽

　上のイラストの①のように、ブッシュローズはほとんどの場合、外芽を優先します。②のようなシュラブローズは、枝の立ち具合によっては、外芽で切ってしまうと樹形が乱れます。この場合は、内芽を優先して立ち枝を出させることで自然な樹形になります。その株の状況に合わせて切る芽の方向を決めましょう。

　また、枝は上部で切るほど細い枝が早く伸び、下部（地際近くなど）で切るほど太い枝がじっくり伸びるので、バラの種類によって切り位置が変わってきます。細枝で開花するシュラブローズやオールドローズなどは、浅く切り、開花に太い枝が必要な大輪種や、翌年以降の基枝となる太い枝を発生させたい場合などは、深い位置での切り詰めとなります。

　いずれにせよ、その株の状況などにより、臨機応変に切り位置を決めていくことになります。

　バラの剪定は、これら四つの目的があり、優先すべきは、バラの生育に関わる「枝抜き」の作業となり、「切り詰め」の作業は、株の状況や好みに合わせて臨機応変に調整していくことになります。

剪定の時期

　本州などでは、夏に一時生育を停止するため、秋の開花に向けて夏剪定を行いますが、北海道では、本州のように真夏に生育を停止しないため、本格的な剪定は春の1回だけになります。そのため、春の剪定の仕方によって、その年のバラの生育が決まるといっても過言ではありません。また、花がら切りは剪定作業ではなく、切り戻し作業にあたります。

これだけ芽が動いていたら早く剪定したい

　剪定の時期は、4月中旬から5月上中旬ごろの芽が少しふくらみ始めたころが適期になります。剪定が遅くなると、剪定前の先端の芽に養分が集中してしまい、剪定後に残した芽への養分移行が遅くなってしまいます。そうすると、残した芽の伸びが遅くなり、開花も遅れてしまうので、剪定は遅くても葉が展開し始める前に済ませましょう。

　原種やオールドローズは芽が動き出すまで枝や芽が生きているのかどうか判別しにくいものもあるので、芽が動き出してから剪定をした方がよい場合もあります。

　剪定を始める順番は、剪定や誘引時に芽をかいてしまう恐れのあるつるバラから始め、あとは芽出しの早いもの、枝を深く切る強剪定をするものから優先的に行います。

剪定を始める順番

つるバラや開花の早い原種類 → ブッシュローズ → シュラブローズ → オールドローズ → 原種類

確認しておきたいバラの剪定に関わる基本事項

　剪定の実際の手順に入る前に、剪定を行う際の基本事項について確認しておきましょう。

バラの部位の名前

バラを栽培するなかで、枝や葉、芽の名称はよく出てくるので覚えておくと便利です。

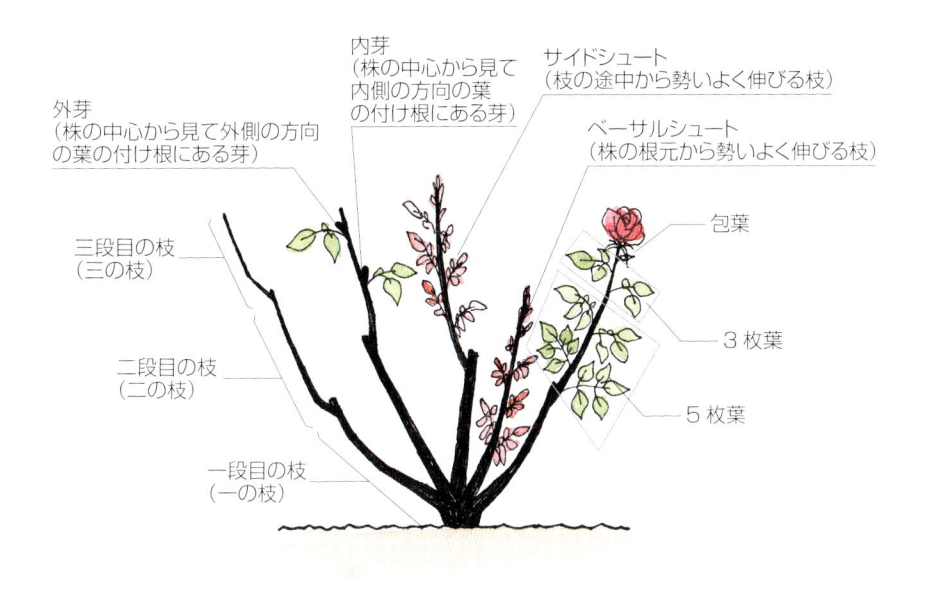

図中ラベル:
- 外芽（株の中心から見て外側の方向の葉の付け根にある芽）
- 内芽（株の中心から見て内側の方向の葉の付け根にある芽）
- サイドシュート（枝の途中から勢いよく伸びる枝）
- ベーサルシュート（株の根元から勢いよく伸びる枝）
- 包葉
- 3枚葉
- 5枚葉
- 三段目の枝（三の枝）
- 二段目の枝（二の枝）
- 一段目の枝（一の枝）

ハサミの入れ方

あまり神経質に考える必要はありませんが、ハサミを入れる法則を決めていた方が仕上がりはきれいになります。最初に少し気をつけていれば、すぐに習慣になるでしょう。

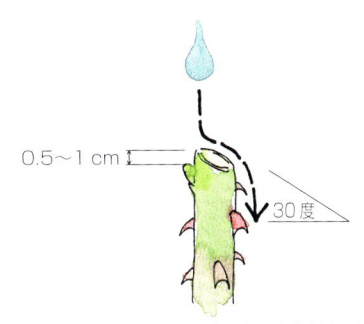

0.5～1cm　30度

切り口をきれいに切るために刃を下に、受け刃を上にして切る

結露などの水分が芽に流れないように芽の上を斜めに切る

第3章 バラの育て方　剪定

枝ごと切り去る場合

　枝ごと不要な枝を切るときは、中途半端に残さず付け根からきれいに切ります。少しでも残すと不定芽がたくさん伸びてしまい、かえって枝が混み合うことになります。これは枝の途中から出ている枝を切る場合も同じです。

枝ごと切り去る場合は中途半端に残さない

芽のつき方

　バラの枝にある芽は同じ方向ではなく、らせん状についているので、同じ方向の芽は数節下になります。節間の長いハイブリッド・ティー系などでは、同じ方向の芽は枝のかなり下の方になります。

芽のつき方

切り位置と芽の伸びの関係

　弱剪定では早く芽が伸び出し、強剪定では芽の伸びが遅くなります。さらに、強剪定をすると伸び出す芽数が少なくなり、多くは切り口の下の１芽だけが伸びます。花数は少なくなりますが、強い脇枝が出るので花は大きく咲きます。対して、弱剪定をすると、切り口の下の２、３段目の芽も開花する可能性が高くなり、花数は多くなりますが、花の大きさは小さくなります。

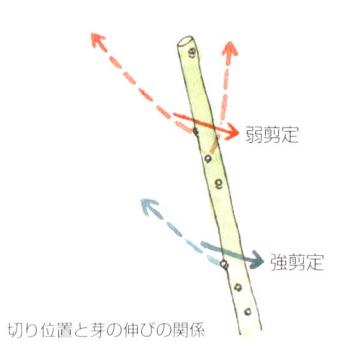

切り位置と芽の伸びの関係

剪定の流れ

　バラの剪定に関わる基本事項を確認したところで、剪定の全体の流れを見てみましょう。

①冬囲い時の結束で絡んだ枝を広げる
↓
②枯れ枝を切り去る（凍害枝）
↓
③老化枝を切り去る
若い枝がなかったり少ない場合は、つなぎとして比較的若めの老化枝を残す
↓
④弱小枝を切り去る
枝の付け根まで切り去り、中途半端に残さない
↓
⑤各枝について開花の可能性がある太さのところまで切り詰める
一回で完璧に切ろうと考えず、枝の先端から確実に不要な部分を順次切り下げていく
↓
⑥再度、芽の向きを考えて枝の先端部を微調整
一度、剪定した株から一歩下がり、引いて株全体を眺める
↓
⑦問題なければ完了

タイプ別の剪定

　系統などのバラの種類に関わらず、剪定のおおまかな流れは同じです。この流れを踏まえ、タイプ別の剪定方法を解説します。
　バラの種類は多く、種類によって開花性や枝の伸び方の特性など、性質はさまざまなので、剪定は一様にできません。花をつけるための剪定は種類によって異

剪定時に切り去る枝（白抜き部分）

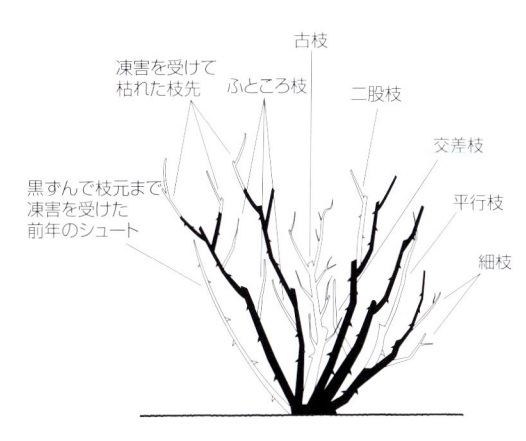

なり、いくつかの基本タイプに分けられます。どれくらい切ればいいかの分量は生育状態や目的によって異なります。（以下のイラストは白抜き部分が切り去る枝）

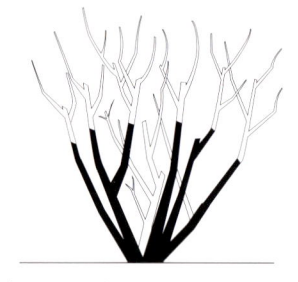

ブッシュローズ（HT系）

ブッシュローズ（ハイブリッド・ティー系）の剪定
老化した枝、細い枝を切り去り、残す太枝は一段目か二段目で切ります。

ブッシュローズ（Fl系）

ブッシュローズ（フロリバンダ系）の剪定
老化した枝と新しい枝の更新を図り、残す枝は二段目から三段目で切る場合が多くなります。ハイブリッド・ティー系よりもやや細枝を残します。

多くのイングリッシュローズも同様です。

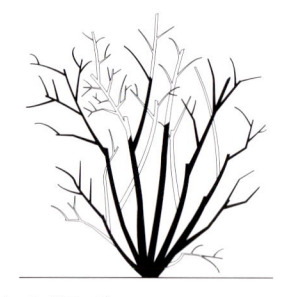

オールドローズ

オールドローズの剪定
小枝が多く発生した老化枝や樹形を乱す枝は切り去りますが、残す枝は脇枝も残します。脇枝の先の枯れた部分は切り去ります。前年伸びたシュートは将来脇枝が伸びるのを予想して適当なところで切っておきます。

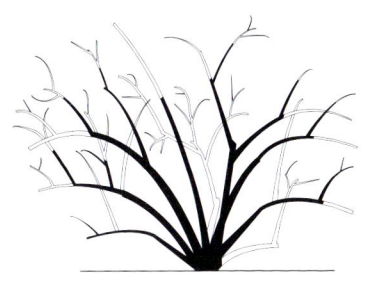

シュラブローズ

シュラブローズの剪定
　全体の樹形を整えるように、老化した枝や乱す枝は切り去ります。残した脇枝は元気がいい芽のところで切ります。樹形を乱すようなサイドシュートは切り去ります。

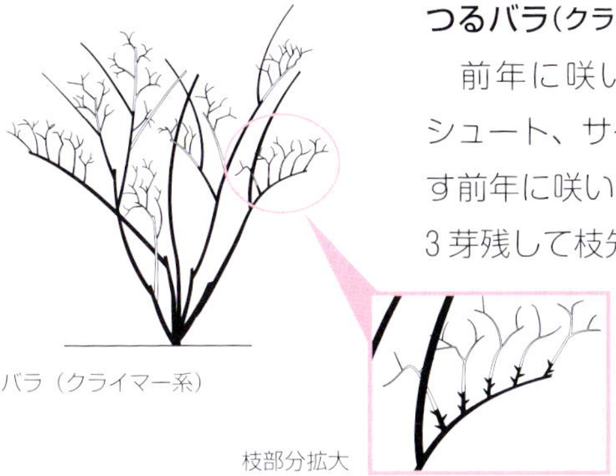

つるバラ（クライマー系）

枝部分拡大

つるバラ（クライマー系）の剪定
　前年に咲いた比較的若い枝とベーサルシュート、サイドシュートで構成します。残す前年に咲いた脇枝は、枝の付け根から2、3芽残して枝先を切ります。

つるバラ（ランブラー系）

つるバラ（ランブラー系）の剪定
　前年に伸びたベーサルシュート、サイドシュートで構成します。前年開花したサイドシュートが出ていない枝は、株元から切り去ります。シュートの発生が多い場合は、必要な分だけ残し、他は切り去ります。

植え付けて間もない株の剪定
　タイプ別のおおまかな剪定方法を紹介しましたが、植え付けて1〜2年の株の場合は、まだまだ株ができていないので、少しでも枝葉を多くつけておき、たくさん光合成ができるようにします。そのため、枯れ枝を切る程度にとどめておきます。

植え場所や見る方向を意識した効果的な樹形づくり

　植えたバラを見る方向が一方からと決まっているのであれば、見られる方向を意識して樹形をつくっていきます。

　下のイラストのように、バラの背景に建物や樹木などがある場合は、背面になる枝を極端に少なくして、意識的に前面になる枝を集中的に残します。そうすることで残された枝に養分が集中し、より効果的な樹形になります。

　植え場所や、周りの植物との関係を考慮し、効果的な樹形づくりに挑戦したいものです。

見る側の背面になる枝（グレー部分）は思い切って切り、見る側の枝に養分を集中させる

剪定の修正と芽かき

　春の芽出しのころに行った剪定の後、残した芽に障害が出て思うように伸びなかったり、不必要な芽がたくさん出る場合があります。ある程度、芽が動き出した後に剪定の修正や芽かき作業を行う必要があります。

剪定の修正（切りもどし）

期待して残した芽が何らかの障害で伸びず、その枝の下部の方の芽が元気に伸びてくることがあります。

その場合、芽の方向のみを重視して切り戻してしまうと、場合によってはかなり下まで切り戻すことになってしまいます。その株の枝数や生育状態にもよりますが、枝が短くなることで芽数が減ると、葉数が少なくなり生育にはマイナスになります。

このような場合は、芽の方向に多少難点があっても、傷んだ芽のすぐ下の芽か、その下2、3番目の芽の上で切り戻します。どの芽を残すかは、芽の伸び具合と他の枝の芽との位置関係を見ながら決定します。

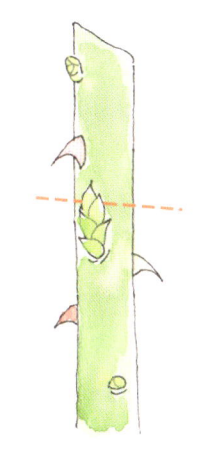

予定していた芽が伸びない場合は、その下の元気のいい芽まで切り戻す

芽かき

芽かきとは、余分に出た芽を若いうちに摘み取ることです。不要な芽をかき取ることで、残した芽に養分を集中させて花つきなどをよくすることが目的です。

バラは1カ所から複数の芽が伸びた場合、そのままにしておくと、どの芽も弱く細い枝になります。そのままにしておくと、ブラインド枝（花をつけない枝）になったり、密生しすぎて日当たりや風通しが悪くなり、病気の発生の原因にもなります。

1カ所からたくさん芽吹いてしまった枝

元気な芽を残して他は取り去る

枝の上部の芽は、中央部の主芽とその両脇から出る二つの副芽、この三つの芽が1カ所から伸びる場合が多くあります。

　通常は中央の主芽がいちばん先に伸び出すので、両側の副芽をかき取ります。

　何らかの原因で主芽が傷んでしまっていたり、小さい場合は、副芽の太くて元気のよい方のみを残し、他の芽はかき取ります。

　また、側枝を切り落とした切り口の周囲や、枝の股部分からも、たくさんの芽が出る場合があります。本来この部分からの芽は全てかき取りますが、空間に余裕があり、芽を残す必要がある場合は、元気な芽のみを伸ばします。ただし、この場合も一時しのぎと考えて、早めに下からのシュートなどと交換します。

　芽かき作業は、芽が1〜2cm伸びたころがよく、残す芽を傷めないようハサミを使わないで手で慎重にかき取りましょう。

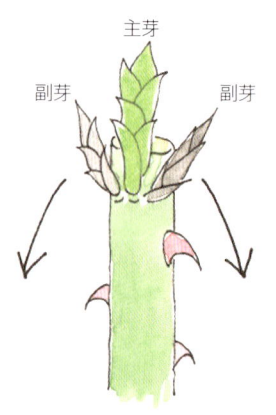

両脇の副芽をかき取る

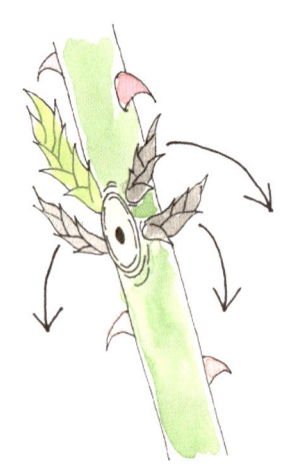

側枝の切り口や枝の股からもたくさん芽が出たら、一番元気な芽以外をかき取る

誘引

　誘引とは、つる植物の茎を支柱に結びつけ、生長の方向や草姿のバランスなどを調節することをいいます。

　つるバラは、枝をどのように誘引するかで樹形が決まります。生育最盛期の開花や葉の茂りの状態をイメージして、各枝を適正に配置していく作業は楽しいものです。

つるバラをフェンス状に誘引した様子（イギリスのシシングハーストキャッスルガーデン）

誘引の時期

　誘引の時期は、枝が折れにくく芽が動き出す前の冬の休眠期が適期です。積雪が少ない地域では冬の間いつでも可能ですが、積雪地では雪解け後すぐに行うことになります。

　ただ、雪解け後ではすでに吸水が始まっていて枝が折れやすく、ふくらんできた芽も傷めてしまうので、可能であれば、積雪が少なくなり堅雪になる2月中下旬ごろから積雪面よりも上に出ている枝だけでも誘引しておき、雪解け後に改めて修正するのも得策でしょう。枝ごと倒して越冬させた株は、雪解け後、慎重に誘引することになります。

誘引の手順

　剪定後、残した枝を形よく誘引していきます。基本的には、前年に伸びたベーサルシュートやサイドシュートが重ならないように、水平に誘引していきます。全体を見て、骨格になるような枝の長いものから位置を決めていくとよいでしょう。枝を横に誘引することにより頂芽が複数存在することになり、花をたくさんつけます。春からの葉の茂りや開花などをイメージして、効果的な枝の配置を決めていきます。

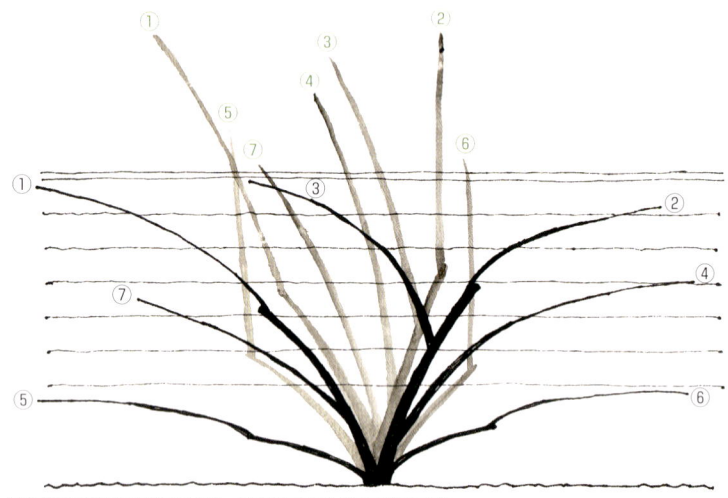

緑の番号(枝)は誘引前の状態、黒の番号(枝)が誘引後の状態。
緑の①は誘引すると黒の①の位置になる

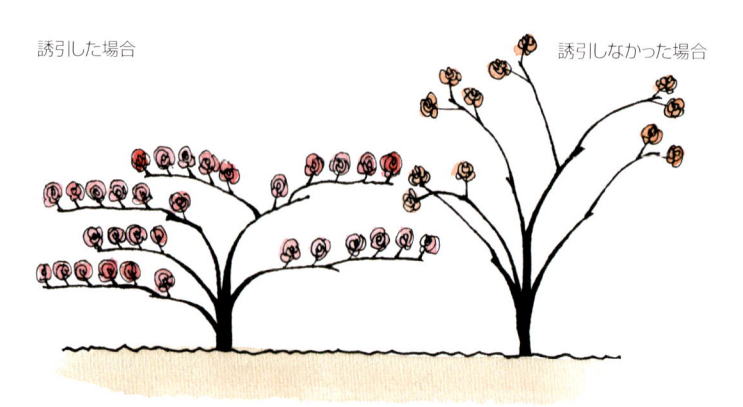

枝を水平に誘引した場合(左)と、枝を誘引しなかった場合(右)では、花つきに大きな差が出る

原則として枝同士が重ならないように誘引していきますが、部分的に交差するのは問題ありません。開花枝を出しにくい古枝に新しい枝を交差させることで、全体的に花がまんべんなく咲いているように見せることができます。

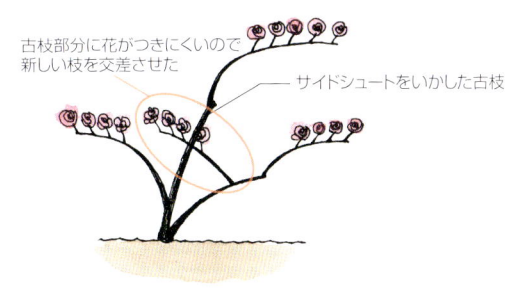

古枝部分に花がつきにくいので新しい枝を交差させた
サイドシュートをいかした古枝
古枝に新しい枝を交差させる

　格子上のアーチやフェンスに誘引する場合は、基本的に格子の後ろ側に枝を通さず、見る面だけに誘引した方が後の処理がしやすくなります。

イギリスのケンブリッジボタニカルガーデンのつるバラの誘引。丸太を使ったオベリスク

　結束にはシュロ縄などを使用し、枝が太って食い込むおそれのある針金類は避けます。シュロ縄は使う前に水に浸し濡らしてから使用すると、しっかり結び目が締まります。

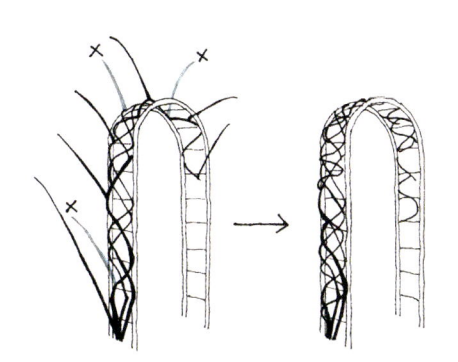

大きさにもよるが、すべてのシュートを残すとアーチにおさまらない場合は、必要な分だけ残し、あとは切り去る。S字を描くように誘引する

誘引にはシュロ縄や麻ひもがおすすめ

第3章　バラの育て方　誘引

139

施肥

なぜ肥料を与えるのか

　バラは「肥料食い」なので、他の植物に比べると多量の肥料が必要だとよくいわれます。しかし系統や種類による違いがあり一様に扱うことはできません。
　そもそもなぜ肥料を与えなくてはいけないのでしょうか。
　春から秋まで繰り返し開花するモダンローズは、春の剪定から始まり、開花後には花を、さらに越冬前には葉も全て取り去られます。自然界のように、それらが表土に堆積して分解されることで養分の補給がなされるわけでなく、土中の養分は常に奪われる状況になります。そのため、施肥という形で養分の補充が必要になるのです（図7参照）。ただし、一季咲きの原種やオールドローズ、野生種の血の濃いシュラブローズなどの多くは、ライラックやツツジ類など他の花木類と同じ程度の施肥管理で十分に育ちます。

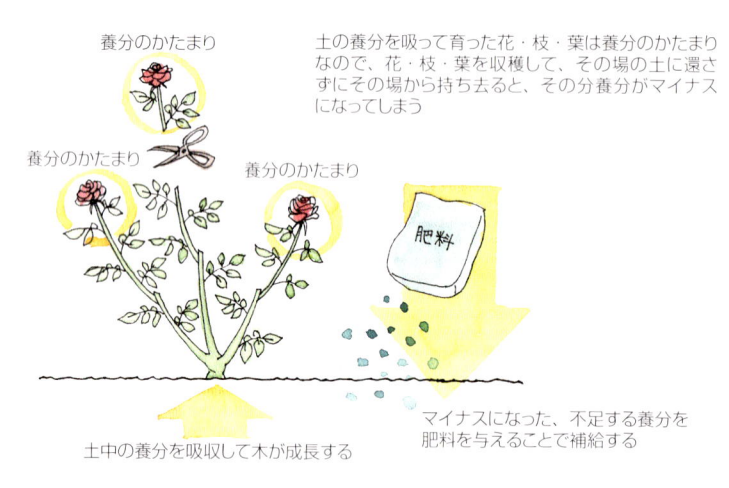

養分のかたまり

土の養分を吸って育った花・枝・葉は養分のかたまりなので、花・枝・葉を収穫して、その場の土に還さずにその場から持ち去ると、その分養分がマイナスになってしまう

養分のかたまり　養分のかたまり

肥料

土中の養分を吸収して木が成長する

マイナスになった、不足する養分を肥料を与えることで補給する

土から養分を吸って咲かせた花や枝葉を収穫してしまうと、その分土壌中の養分はマイナスになるので、肥料での補給が必要

図7 土壌中の養分の持ち出しと補給のイメージ

肥料の与えすぎは禁物

　バラを元気に育てるために、たくさん肥料を与えればよいということではあ

りません。植物が健康に生育するには、空気や水はもちろんですが、よく耳にする窒素、リン酸、カリウムのような肥料成分の他に、カルシウム（石灰）、マグネシウム（苦土）、イオウも重要な養分です。さらに土壌中の天然ミネラル成分が供給源となっている鉄、マンガン、亜鉛、銅、塩素、モリブデン、ホウ素、ニッケルなどの微量要素も不可欠です。しかし、ある養分を偏って与えてしまうと、他の養分吸収を妨げてしまいます。

　植物を大きく育てたいからといって、何かの成分を多量に与えるのではなく、植物が必要としている養分を、必要なときに必要な量をそれぞれバランスよく与えること、また、その養分が効率よく吸収されるように継続的に有機物を補給し、土壌環境を整えてあげることが大切なのです。

北海道における施肥の考え方

　本州など暖地の気候と大きく異なる北海道では、暖地で一般に行われている施肥管理はできせん。北海道では耐寒性を低下させないことが重要になり、過度な施肥は注意が必要です。

　養分を盛んに吸収する生育期間は、いずれも高温期を除いて、暖地では3月上旬から10月下旬の8カ月間ほどですが、北海道では4月下旬から9月下旬ごろまでの5カ月ほどしかありません。さらに、厳しい冬を乗り越え耐寒性を低下させないために、秋以降の施肥を控え、各枝を軟弱にさせないようにしなければなりません。

　暖地では、一般的な施肥の方法として、大きく分けて元肥（植え付け時に施す肥料）、寒肥（冬に施す肥料）、追肥（生育期に施す肥料）の3種類が行われていますが、北海道で同じように肥効の長い肥料を与えると、耐寒性を低下させることにつながる危険があります。そのため、冬の厳しい北海道では、春から初夏にかけての生育期の前半に速効性の肥料を集中して与えるのが効果的です。短期間で効率よく肥料を吸収しやすくするには、暖地以上に有機物に富んだ土壌環境をつくることが重要になるといえます。

　バラ栽培には、よく腐熟した牛ふん堆肥が使われますが、これは牛ふんの肥料効果を期待するというよりは、土壌中の養分を吸収しやすくする微生物を増やし、より追肥の効果が高まるような土壌改良としての目的が大きいのです。

肥料の使い分け

　肥料は大きく窒素(N)、リン酸(P)、カリ(K)の三要素で構成され、配合肥料などには植物の種類や目的によって、各要素の配合が変わります。

　窒素は「葉肥え」と呼ばれ、枝や茎、葉の生長を促します。リン酸は「花肥え」と呼ばれ、花つきや結実に役立ちます。カリは「根肥え」と呼ばれ、根や茎に作用し、病気に対する抵抗力や耐寒性を高めます。

　バラ専用肥料として販売されているものは、花を咲かせる目的からリン酸分の割合が多いものが多数ありますが、生育時期や状態によって必要となる養分は異なるので、一様に与えるわけにはいきません。

　盛んに芽を伸ばし葉を茂らせる春の芽出しの時期や、生育の遅いものには、窒素分が多く配合された肥料を与えて生育を促します。また、カリ分は耐寒性に作用するため、北海道のような寒冷地では暖地以上に重要になります。

春の肥料

　雪解け後の芽の伸長時に株元に有機質肥料を与えます。このときは比較的肥効の早い「ぼかし」、あるいは「発酵肥料」を使用した方がよいでしょう。その後の追肥は化成肥料が主体になるので、土壌のことを考慮すれば春の肥料だけでも有機質肥料を使いたいものです。バラ専用のものでなくても、油かす主体の窒素分の割合の多い一般の庭木用のもので構いません。施肥量は肥料の種類にもよりますが、1株あたり300〜400g程度が適量でしょう。鉢植えの場合も同様のもので構いません。施肥量は鉢の大きさに合わせて調整します。

発酵油かすは粉末が効き目が早い

一番花が咲いたら与える肥料

　繰り返し咲き性のものは、一番花が咲いたら早々に与えます。速効性の粒状の配合肥料や化成肥料が主体になります。窒素、リン酸、カリが等分のものか、ややリン酸分の多いものが適します。割合が8-8-8や5-10-5の化成肥料なら1株あたり20〜30g程度を与えます。北海道でもこの後は高温期になり肥料吸収ができないうえ、その後には気温の低下で肥効を止めたい時期になる

ので、じっくり効くタイプの肥料は避けましょう。鉢植えの場合は、液肥を与えます。

　一季咲きの原種やオールドローズは、基本的にはこの追肥は必要ありません。逆に肥効が続くと不必要に夏枝を伸ばし、耐寒性や耐病性が低下してしまいます。

野菜用や芝生用のものでもよい

お盆後の肥料

　二番花が終わるお盆ごろからは、耐寒性を強化するためにカリ肥料を与えます。草木灰や硫酸カリなど速効性のものが適します。カリは流亡しやすく低温になると吸収しにくくなるので、8月中旬から9月下旬ごろまで2、3回に分け、硫酸カリでは1回あたり1株に10g程度与えます。鉢植えの場合は、カリ成分の多い液肥を与えます。

硫酸カリ

　このように、北海道では雪解け後と一番花が咲いたときの2回、そして夏以降のカリ肥料が基本になりますが、土壌や品種、生育によって肥料の種類や施肥量を加減します。

施肥の方法

　与えた肥料を確実に吸収させるために、適切に肥料を散布しましょう。養分は根の先端の方での吸収が主になります。また、肥料は水分に溶け出して根から吸収されるので、雨の前に与えると効果的です。よほど晴天日が続くようであれば、株周りに水やりをして肥料吸収を促します。

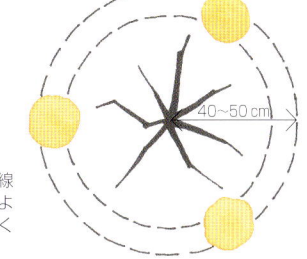

40〜50cm

株元よりも、株元から40〜50cm離れた場所の方が吸収されやすい。点線部分のように輪状に施すか、マルチングをしている場合は、黄色部分のように3カ所ほどマルチングを部分的にはがして施す。いずれも表土と軽くなじませるとよい

病虫害と対策

バラを病虫害に侵されることなく健全に育てるためには、いくつかのポイントがあります。そのポイントと、主な病虫害と対策について解説します。

重要なのは強健な品種選択

　バラは一般的に、病害虫に侵されやすく、薬剤散布をしなければ健全に育てることができないと考えられています。確かに著しく病虫害に侵されると、その後の生育や開花、越冬にも大きな影響を与えます。ただ、これまで説明してきたように、他の植物と同様、バラも自然界で育つ原種や、それから派生したシュラブローズなどは強健性が強く、総じてバラが弱い植物というわけではありません。

　バラは系統や品種によって耐病性は大きく異なり、環境整備や予防的な防除などはもちろん必要になりますが、化学農薬に頼らずに栽培するためには何よりも強健な品種を選択することがいちばん重要になります。

バラの主な病虫害

　バラにはさまざまな病虫害があります。特に目立つ病虫害を紹介します。

病害

　バラの病気は、被害が進むと葉を落としてしまうことがほとんどで、葉数の減少によって生育が低下し、シュートの発生数や開花枝が減少してしまうことにつながります。バラには、いくつかの病気がありますが、代表的なものとして、うどんこ病と黒星病、灰色カビ病の三つがあげられます。防除の考え方はいろいろありますが、まずはどんな病気なのかを解説していきます。

うどんこ病

　うどんこ病はカビの一種で、葉や茎、つぼみが粉をかけたように白くなりモコモコと盛り上がったようになる病気で、一度発生するとなかなかおさえられなくなるので厄介な病気です。

初めは若い葉や新梢に発生し、そのまま放置するとどんどん広がって全体が白いカビに覆われ、葉は波をうったりカールしてかさかさになり、遂には落葉してしまいます。また、風により飛散して他の株にも伝染していきます。
　うどんこ病の菌糸や胞子は、比較的低温で湿度が低いと繁殖しやすくなる

うどんこ病に侵されたつぼみ

ので、真夏の高温期や雨天が続くと発生が少なくなり、特に5月ごろから7月、真夏の高温期を過ぎた9月から10月ごろに発生が集中します。真夏以外気温が高くならず寒暖の大きい北国では、暖地以上に発生しやすい期間が長いので注意が必要です。

　植え場所などの栽培環境や管理なども病気の発生に大きな影響を与えます。密植したり、日当たりの悪い所に植えるのは避けましょう。真っ先に病害に侵される小枝や株中の弱小枝は春の剪定時に切り去り、生育期間中も枝を透いて風通しをよくします。地植えよりもストレスが大きくなるコンテナ（鉢植え）栽培では、特に注意が必要です。
　また、窒素過多により株が軟弱化している場合なども、うどんこ病が発生しやすくなるので、肥培管理を適切にしてバランスのよい肥料やりを心がけましょう。
　品種により発生しやすいかどうかは異なり、他の病気に対しても耐性の強い原種やシュラブローズはもちろんですが、照葉（葉が硬くつやのある葉）の品種は比較的かかりにくい傾向にあります。

黒星病（黒点病）

　葉に黒い斑点ができるので「黒点病」とも呼ばれます。バラ特有の病気で、果樹類など他の植物にある黒点病とは異なり、他の植物からバラに、またバラから他の植物へ感染することはありません。
　広がりが早いうえに防除が難しく、病葉がすぐに落葉してしまうため、バラ栽培においてはいちばん厄介な病気といえます。
　病原菌はカビ菌の一種で、胞子で増えます。胞子の発芽は気温18℃、感染

には19℃〜21℃、蔓延には24℃が適温といわれており、7月中旬を過ぎたころから9月ごろまでに発生が集中します。いずれも葉が雨などで濡れる多湿時が感染しやすくなります。

黒星病に侵された葉

品種によって耐性が異なるので、耐性の強い品種を選択したり、つきやすい品種は他への伝染を防ぐために離して植えることなどが効果的になります。

黒星病の感染原因は、落葉など地表面で越冬した病原菌が、強い雨が降ったときに雨滴が土から跳ね上がって伝染するといわれますが、株の下の方から感染しやすいのは、地面に近い方が風通しが悪く、雨や朝露に濡れた葉が乾きにくいこともあります。

いずれにせよ、葉が濡れていると病気の発生、拡散を促すので、風通しのよい栽培環境が望ましいといえます。水やりは晴天の朝方に行い、葉についた水滴が乾きにくい曇りや、夕方の水やりは避けます。できるだけ葉をぬらさない水やりを心がけます。コンテナ植えにしたものは強雨時には雨が当たらない場所に移動することも予防につながります。

病斑が発生した葉は早めに取り去ります。病斑は株下の古葉から発生するので、地表に近い葉は特に注意して点検します。落ちた小葉などはこまめに取り去り、床土表面を清潔に保ちましょう。

灰色カビ病（ボトリチス病）

「ボトリチス病」とも呼ばれ、バラ以外の多くの植物も感染します。

バラの場合はつぼみと花に被害を受け、病気が進行すると灰色のカビに覆われます。つぼみや開きかけの花が感染すると、花弁が溶けたように腐り、花を開くことができないまま花首から落ちてしまいます。

灰色カビ病に侵された花。最後まで花が開けないまま落ちる

低温で、湿度が高い場合に多く発生するので、冷夏の年や秋口に雨が続いて

日照が不足し、低温になると発生しやすくなります。

　また、品種によって発生の程度は異なり、花に感染する場合は、花弁が薄い品種や花弁の重なりが多い品種ほど、被害を受けやすい傾向にあるようです。

　他の病気と同様、風通しよく管理し、窒素過多で軟弱な株にならないように配慮し、病気が発生した場合は、病葉や茎、花をきれいに取り除き、株周りも清潔に保ちます。

害虫

　芽が伸び出し気温が高くなってくると、虫による被害が出てくるようになります。

　バラの虫害は、主に吸汁害や食害で、北海道でのバラ栽培で特に目立つのは、アブラムシ、ハダニ、コガネムシ、スリップス（アザミウマ）類、ヨトウムシなどですが、その一部を紹介します。

アブラムシ

　新芽やつぼみ、茎に群がって樹液を吸い、新芽や花の生育を阻害します。排泄物で葉などが汚れると、病気の発生の原因にもなります。

　密集することで、葉や花の展開が阻害されるので、密度を減らすことで被害を減らすことができます。また、風通しが悪いとつきやすくなるので、植え場所にも気をつけましょう。

つぼみに群がるアブラムシ

コガネムシ

一番花の開花する6月下旬ごろより成虫があらわれ、土中に産卵、幼虫の状態で越冬します。つぼみや花弁を食害し、特に香りのよい品種、黄色や白色の品種を好み、食欲旺盛で花の被害は甚大です。

花弁を食い尽くすコガネムシ

このように、バラにはここでご紹介しただけでもいろいろな病虫害があります。これまでは、これらの病虫害の防除には化学農薬を散布するのが常識でした。しかし近年では、環境や健康に対する意識の高まりとともに、園芸全般についても過度の薬剤散布に頼らない管理方法や、耐病性の強い種類の導入の必要性が高まってきています。

北海道は本州よりも無農薬栽培に挑戦しやすい気候だということは前述しましたが、病虫害の防除法にはいくつかの考え方があります。いろいろな方法を知り、自分に最適な方法を見つけたいものです。

バラの主な病虫害対策

病虫害の防除の考え方には大きく四つの方法があります。それぞれの防除の考え方とその具体的な内容を解説します。

耕種的防除法

耐病性品種や抵抗性台木の利用、土壌改良や被害残さの除去など栽培環境の適正化、栽培方法の改善などにより、化学農薬に頼らず病虫害の防除を行う方法のことをいいます。

●耐病性品種の利用

少しでも病虫害のリスクを減らすには、強健な品種を選択することが最も重要であり近道です。

世界にはさまざまなバラのコンクールがありますが、なかでもドイツのADR（ドイツでのバラ新品種評価）やスイスのジュネーブ国際バラコンクールな

ど、耐病性や耐寒性を審査基準にしたバラのコンクールでの受賞歴があるかどうかは品種選びの参考になります。

　また、バラの無農薬栽培に挑戦している施設があれば、秋に訪れてみてください。品種の耐病性を比べるには秋が最適です。耐病性のある品種は秋になっても病気で葉を落とさず元気にしているのに対し、病気に弱いものは葉を落とし、ほぼ枝だけになっているということがあるので、生育を比べやすいのでおすすめです。

●抵抗性台木や自根苗の利用
　接ぎ木苗の場合、地上部は少なからず台木の性質の影響を受けるため、耐病性が強い台木を使用している方が有利になるといえます。実際には、台木の種類を選んで苗木を購入することはできませんが、強健な原種類やオールドローズ、シュラブローズなどは、台木の性質に左右されず、品種本来の性質で判断できる自根苗を選ぶというのは得策でしょう。

●栽培環境の整備
　病虫害の予防には、栽培環境の整備も重要です。強健な品種であっても、株周りに雑草が茂っていると、害虫のすみかになったり、病原菌を仲介してしまうこともあります。また、あまり密植にすると風通しが悪くなり、病気や虫が発生しやすい環境になります。
　株周りのこまめな除草や、適正な植栽密度が病虫害の予防につながります。

●適正な剪定と施肥
　前述したように、株が老化しないよう的確に剪定を行うことで枝の更新を図り、病気にかかりやすい弱小枝を除去することで病気の予防になります。また、肥料を与えすぎると株を軟弱にしてしまい、病気にかかりやすくなるので、施肥は「必要なときに、必要な分だけ」を心がけ、丈夫な株に育てることが大切です。

生物的防除法

生物が持っている寄生性、捕食性、誘引性などの性質を防除に活用する方法のことをいいます。

●益虫の活用

この場合の益虫とは、バラの生育を妨げる害虫を食べてくれる虫のことをいいます。虫だからといって、全てがバラにとって害のあるものとは限りません。よく観察してみると、バラを食害する虫を食べてくれる虫がたくさん見つかります。その一部を紹介します。

テントウムシの仲間

テントウムシの仲間の多くは幼虫も成虫もアブラムシを食べてくれます。なかには、ハダニやカイガラムシ、うどんこ病の菌を食べるものもいます。

ナナホシテントウの成虫。アブラムシやハダニを食べてくれる

ナミテントウの幼虫。アブラムシを食べてくれる

クサカゲロウの仲間

クサカゲロウの仲間の成虫の多くは、花粉やアブラムシの甘露を主食としますが、種類によっては、アブラムシやカイガラムシを食べてくれます。幼虫は、アブラムシやハダニ、カイガラムシなどを食べます。なかには、背中にある毛に、植物片や食べた昆虫の死がいをひっかけて背負うものもいます。幼虫はかなりの大食漢で、1日60匹ほどのアブラムシを食べるともいわれます。

クサカゲロウの1種の幼虫

クサカゲロウの1種の成虫

クサカゲロウの卵(優曇華・うどんげ)

ヒラタアブの仲間

成虫は一見ハエや小さなハチに見えたりと、不快害虫といわれたりもします

が、ハチのような毒を持たず、人を襲ったりすることもなく、花の蜜を吸って暮らしているおとなしい虫です。もちろん受粉の手助けもしてくれます。幼虫はウジ虫で、アブラムシの体液を吸い食べてくれます。

ヒラタアブの仲間の幼虫

　ここでご紹介したのは益虫の一部ですが、この他にもクモやカエル、鳥などもバラの害虫を食べてくれます。

　化学農薬の散布をやめると年々このような益虫が増えてきます。生物が多様になっているのを目の当たりにしたとき、うれしくなるのと同時に化学農薬の影響の大きさを強く感じます。「虫」と一括りに考えずに、バラにとっていい虫か、悪い虫かを知ることで害虫の防除の考え方も変わってくるのではないでしょうか。

● **微生物資材の利用**
　細菌や糸状菌、ウイルス、線虫などの力を利用して、防除を行う方法です。

バチルス菌
　バチルス属細菌は土壌にどこにでもいる細菌で、種類もたくさんあり特徴もさまざまですが、バラにとって有効な資材として販売されているものは大きく下記の2種類です。

納豆菌（*Bacillus subtilis* subsp. *natto*）
　微生物防除剤としてホームセンターの園芸薬剤コーナーで購入することができ、散布回数を制限されておらず、農薬にカウントされない資材です。これを定期的に散布することで、葉や茎、花などに納豆菌が棲みついて灰色カビ病などの病原菌の繁殖を抑制します。ただし、予防としての利用になり、発生してから散布しても効果はありません。

バチルス・チューリンゲンシス菌（*Bacillus thuringiensis*）
　BT剤とも呼ばれます。この菌が生み出す結晶性たんぱく質や胞子が、チョウやガなどのチョウ目、カやハエ、ブヨなどのハエ目、カミキリムシやゾウムシ、テントウムシなどのコウチュウ目の幼虫に作用して殺虫する資材です。有機栽培に利用可能な生物農薬として、園芸薬剤コーナーなどで購入することが

できます。

　化学農薬のような即効性はなく、数日かけて効いてきます。バラにつくケムシ類の殺虫に効果的で、ミツバチやクモなどには悪影響がないとされていますが、テントウムシには影響があるので留意してください。

土壌放線菌

　土壌の中に生息する微生物の一種で、落ち葉などの有機物の分解など、大きな役割を果たしています。現在までに約1000種が知られ、性質もさまざまで、抗生物質などに活用されています。

　植物においては、サッカロポリスポラ・スピノサ（*Saccharopolyspora spinosa*）という土壌放線菌の一種から生まれたスピノサドという成分が、スリップス、コナガ、アオムシなどに有効として、天然由来の殺虫剤として販売されています。太陽光線や微生物の働きで代謝されていくので、化学農薬と比べて環境への負荷が少ないとされています。

●微生物活性剤の活用

　直接病原菌に作用するわけではありませんが、微生物の働きを助け、病気の予防を手助けしてくれる資材です。

木酢液

　炭をつくる過程でできる副産物で、強い酸性の液体です。濃い濃度で使うと微生物の働きを抑制し、薄い濃度で使うと微生物の働きを活性化するなどといわれていますが、実際のところ明確なことはまだ解明されていません。独特の燻した匂いが虫よけ効果になるという考え方もありますが、化学農薬のような殺虫効果を期待するというよりは、バラに有効な微生物を活性化させる資材と捉えた方がよいでしょう。また、木酢液はさまざま販売されており、品質にもばらつきがあります。それぞれの規定に従い、水で希釈して葉面散布や土壌灌注で使用します。

キトサン

　キトサンは、カニやエビなどの甲殻類からつくられる多糖類の一種です。キトサンの効果としては、植物の免疫の活性化やカビなどの糸状菌を餌とする放

線菌の活性化などがあります。
　植物に無害ですが、これを散布することで植物が病原菌と勘違いし、病原菌を攻撃するためのキチナーゼなどの酵素を分泌し、病気への抵抗力を上げる効果があります。キトサン液は液体で販売されており、規定の倍率に水で希釈して葉面散布や土壌灌注で使用します。

光合成細菌
　光合成を行って生育する細菌です。近年、この光合成細菌を利用したさまざまな園芸資材が販売されていますが、土壌の有効微生物の増殖を助けたり、拮抗作用により有害菌の増殖を抑制することで、連作障害を防止する効果があります。また、黒星病の胞子を破壊するといわれている放線菌の繁殖を活性化する働きがあります。光合成細菌自体に大きな効果があるわけではありませんが、継続して散布することでバラに有効な微生物を活性化してくれます。

●植物成分の利用
　植物から抽出したオイルやエキスを利用して防除効果を狙う方法です。
　ニームオイルや除虫菊、ニンニク、トウガラシなどの植物のエキスや、樹木が発散する抗菌、防虫、消臭効果がある揮発性物質であるフィトンチッドを活用したものなど、さまざまな防除資材が販売されています。多くは虫よけ効果を狙ったものが多いですが、ニームオイルやフィトンチッドなどは病気を抑制する効果もあるようです。いずれも化学農薬のような効果はないので、予防的に継続して定期的に散布をする必要があります。

●性フェロモン剤の活用
　フェロモントラップともいいます。合成された性フェロモンで虫を呼び寄せて捕獲するワナです。コガネムシやガの仲間などいろいろな種類が販売されていますが、個人の庭などで使用すると、かえって虫を集めてしまうので危険な場合があります。敷地が広大な公園などに向く方法です。

●コンパニオンプランツの活用
　コンパニオンプランツとは、共生植物ともいい、異なる植物を一緒に植えるとお互いによい影響を与え合う組み合わせをいいます。現代のように農薬が使

われる前は、バラの栽培にはハーブなどがコンパニオンプランツとして利用されてきました。コンパニオンプランツを一緒に植えることにより、害虫を寄せ付けず、病気にかかりにくくし、また、花の香りを増すなどの効果も期待できます。

　害虫を寄せつけないためには、香りを発する忌避効果のあるものを利用します。ただし、種類によっては「おとり」のような働きをする植物もあり、かえって害虫を集めてしまうこともあるので注意が必要です。また、ほふく茎（ストロン）や根茎で横に広がって増えるミント類、オレガノ類などの植物は、生育が旺盛でバラの養分を吸収し、根の生育を阻害することもあります。その場合は、バラの株周りに侵入した株をこまめに取り去ったり、仕切り板を入れる、鉢植えにして近くに置くなどの工夫が必要です。

　バラに有効なコンパニオンプランツには以下のようなものがあります。

　ただし、これらのコンパニオンプランツは、完全に虫や病気を予防するものではありません。あくまでも補助的に捉え、病虫害が発生した場合は早めの対処が必要です。

表6　バラに有効なコンパニオンプランツの一例

イタリアンパセリ	アブラムシなどの害虫忌避効果。バラの香り、花色をよくする
カラミンタ キャットミント	ミント系の芳香があり、アブラムシ、コガネムシなどの害虫忌避効果に優れる。ハナアブ、ミツバチなどの益虫を誘引する
センテッド・ペラルゴニウム	アブラムシ、アオムシ、マメコガネなどの害虫忌避効果
スイセン	害虫忌避効果。土中や地表の病原菌の抑制と有用微生物の活性化
タイム	ハエ、モンシロチョウなどの害虫忌避効果。ミツバチなどの益虫を誘引する
チャイブ	害虫忌避効果。土中の有用微生物の活性化。うどんこ病の抑制効果
ニンニク	害虫忌避効果。土中や地表の病原菌の抑制と有用微生物の活性化
マリーゴールド	害虫忌避効果。土中のセンチュウを駆除する効果がある
ミント	アブラムシなどの害虫忌避効果。ミツバチなどの益虫を誘引する
ラベンダー	害虫忌避効果。特にアブラムシの忌避の効果あり

タイムで縁取りされたバラの花壇

バラの近くに植えられたチャイブ

物理的防除法

　一般的に、手で捕殺したり作物を他から遮断するほか、色や光、熱などを利用して防除する方法のことをいいます。手間はかかるものの、化学農薬に頼りたくない場合や、薬剤が効きにくい大型の害虫駆除に有効です。
　バラの栽培においては、主にアブラムシやコガネムシなどの害虫の捕殺や、マルチングなどが挙げられます。

●捕殺

アブラムシ
　5月の中下旬を過ぎたころから新芽の先端に密集して発生します。葉やつぼみの展開の妨げになるので、密度を減らすために指で取り去ったり、ノズルをつけたホースなどを使って水で吹き飛ばすなどして、拡散を防ぐことができます。また、ベタベタした排泄物が密着しているとスス病の原因にもなるので、早い段階でこまめに捕殺しておくと病気の予防になります。

コガネムシ
　6月の下旬ごろから成虫が発生します。どこからともなく飛んでくるので予防はなかなか難しいですが、この時期に産卵をするので、こまめに根気よく成虫を捕殺しましょう。

ハダニ
　高温期になると被害が増えてきますが、北国での地植えの場合は比較的被害は少ないといえます。しかし、空中湿度が低くなるマンションなどのベランダでの鉢栽培では被害が多くなります。その場合は葉裏へのシャワーが効果的です。

●病罹部分の除去
　病気にかかった部分をきれいに取り除くことも、病気の拡散防止に有効です。特に黒星病にかかった葉はきれいに取り除き、株周りに落ちた葉も清掃しましょう。

●マルチングの活用
　マルチングとは、作物を栽培している土壌の表面を、有機物やプラスチック

フィルムなどで覆うことをいいます。家庭菜園や農家の畑で、プラスチックフィルムのマルチングをしているのをよく見かけます。

マルチングは土壌の過湿や病虫害の原因になるといわれたりもしますが、これは梅雨があり、昼夜とも気温が高い暖地でいえることであり、梅雨がなく夜温が低い北海道では積極的に利用したいものです。

バラの栽培では、有機物のマルチング資材を使うのが一般的です。

マルチングの利点
①景観の向上

有機物で覆われた植え床はしっとりとした落ち着いた雰囲気になり、花壇が整ってきれいに見えるので、景観上も役立ちます。

②土壌の保湿効果

日照りが続いても常に適度な湿り気が確保され、生育期間中の水やりを全く必要としない場合も多くあります。

③表土の締まりを防ぐ

土壌の表土が固まると、根の呼吸が阻害されるので生育にはマイナスです。降雨と日照りの繰り返しや、管理する際に株周りを踏むことで表土が固く締まってしまいますが、マルチングをしておけばその下の表土は固まりにくくなります。

植えつけを終えたばかりの花壇前面。マルチングのおかげで整って見える

④黒星病などの発生を予防する

降雨による表土からの雨滴のはね上がりは、病害を誘発する危険性が高まります。マルチングをすることで泥のはね上がりをおさえることができます。

⑤地温の上昇をおさえる

マルチングを施した花壇で、マルチングの下の表土に手を触れるとひんやり感じます。土壌の表面に直射日光が直接当たらないため、夏の高温期の地温の

上昇がおさえられ、根の生育に有利になります。

⑥雑草の発生が抑制される
　発芽に光を必要とする一年草雑草などの発生がおさえられます。また、発生した宿根草雑草なども、マルチングの下の土壌がやわらかいことやマルチングを通して伸びてくるので、比較的抜きやすく処理が楽になります。

ある程度の素材の厚みがあると断熱効果がある

⑦土壌の地力を上げる
　有機物でマルチングを施すことによって、時間の経過と共に有機物が分解され土となじみ、土壌への有機物の補充、有用な微生物や菌類のすみかにもなります。

⑧防寒資材として利用できる
　雪囲いの際にマルチングを株元に集めておけば保温材になり、地際までの凍害を防ぐのに役立ちます。

株元に寄せ集めて枝を保護する

マルチングの方法
　新たにマルチングを行う時期は、雪解け後に、固くなった表土を中耕した後、暑くなる前に行うのがいいでしょう。
　用意した材料をバラの株周りに5～10cmの厚さに敷きならします。マルチングが薄すぎると効果があまりありません。粗い材質のものはやや厚めに、細かい材質のものはやや薄く敷いて加減します。ただし、地際の幹に触れるところまで敷きつめると、シュートの発生を抑制したり深植えになるので、覆ってしまわないよう注意しましょう。また、融雪後や降雨の後に株元まで埋もれて

しまうことがあるので、その都度、地際の幹が出るようにします。その際、株元からシュートが出てきている場合はシュートをかいてしまわないように十分注意します。

　マルチングした有機物は土と接している部分から分解が進み、バークチップなどでは毎年3割ほど目減りするので、その分を毎年補充していきます。

雪解け後は、雪で押されて株元を覆っていた前年のマルチング材を取り除く。生育期間中も株元の清掃も兼ね、株元を覆っているマルチング材を随時取り除く

マルチング資材

　マルチングの資材として、庭から発生するさまざまな有機物が利用できます。

　枯れ枝や剪定枝を細かく切ったウッドチップ、刈り取った芝や草、落ち葉などの堆肥、ピートモス（粗いもの）などが適していますが、色合いがよく分解が遅いウッドチップが最も使いやすいでしょう。

庭から出た植物残さをストックするコンポストヤード

　枯れ枝などを集めておき、時間のあるときに裁断して敷きならします。ただし、針葉樹のチップは植物の発芽や根の成長を阻害するフェノール類が多く含まれるため、バラへの使用は避けた方が無難です。

　身近にマルチングに使用できる資材をいくつか紹介します。

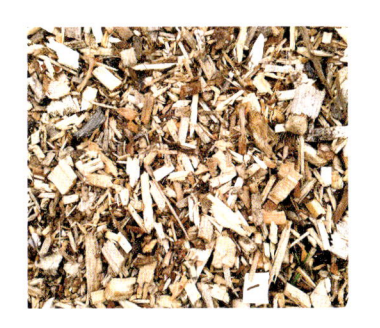

ウッドチップ

主に落葉広葉樹の幹や、葉がついていない枝部分を裁断したもので、分解は遅く、接地面から徐々に腐植化します。ペラペラではなく、かたまりで大きさも多様なものが適します。最近はホームセンターでも広葉樹のウッドチップが販売されています。

枝葉堆肥（夏剪定枝堆肥）

広葉樹の夏剪定枝を堆肥化したものです。葉、枝、幹などを混合して粉砕しているので形質が多様です。養分の補給も期待できますが、分解が早く長持ちしません。黒い見かけも落ちついた雰囲気を与えます。

バラ堆肥

バラの花、葉、枝、幹などを混合して粉砕し、堆肥化したものです。養分の補給も期待できます。病気などの心配があるのであれば、原種類や強健なシュラブローズなどで試してみるとよいでしょう。形質が多様で、黒い色味が魅力です。

腐葉土（落ち葉堆肥）

落葉広葉樹の落ち葉を積み重ねて腐熟させたものです。養分の補給も期待できますが、比較的短期間で分解してしまいます。黒色で土とよくなじみます。

化学的防除法

　化学農薬を使用して防除を行うことをいいます。除草剤、殺虫剤、殺そ剤などの駆除剤、誘引剤の使用も含まれます。効果が即効的で広範囲に効果があり、安価であることなどの利点があります。しかし、繰り返し同じ薬剤を使用した場合、薬剤への耐性ができて薬剤が効かなくなったり、病原菌以外の微生物や益虫などの環境への負荷や、健康への影響なども危惧されています。

　化学農薬を使用する場合は、早期発見・早期防除を心がけ、常用するよりもスポット的に使用する方法がよいでしょう。

　化学農薬を使用する場合は、使用目的に合った農薬を選びます。適正な濃度を守り、殺虫剤と殺菌剤を混用する場合は、その薬剤同士が混用可能かどうかを必ず確認しましょう。特にバラは農薬に対する耐性をつけないことが重要です。各農薬に表示されている散布回数を守りましょう。連続散布する場合は成分が異なる薬剤を使用し、ローテーションで使用すると耐性がつきにくくなります。マスクやゴーグル、手袋などで防護し、薬液が皮膚についたり、吸い込まないように基本的な使い方を守り、安全性に十分に気をつけましょう。

●人や環境に優しい薬剤

　うどんこ病や灰色カビ病に対しては、食品や医薬品にも使用されている、炭酸水素カリウムや重曹が主成分の薬剤もあります。これらは発生初期での効果が高いので、早期発見・早期防除が大切になります。

●エアゾール剤

　病気と虫の両方に効き目がある、お手軽なスプレータイプの薬剤もいろいろ販売されています。株全体にかけるのではなく、発生初期段階で発生箇所にスポット的に使うのがおすすめです。また、ローテーション散布のつもりで各社から購入しても、メーカーを変えたからといって成分が違うわけではないので、成分表示をよく確認しましょう。

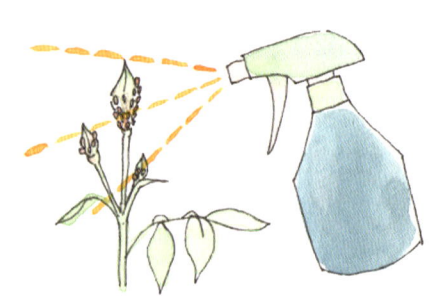

発生箇所に少しだけかける

病虫害対策のまとめ

　さまざまな方法をご紹介しましたが、どのように病虫害とつき合っていくかは、どれだけメンテナンスに時間をさけるか、無農薬にこだわるかこだわらないか、などでも変わってきます。また、これまで化学農薬を使った防除を行ってきて急に無農薬栽培に切り替えると、2～3年は逆に被害が大きく出たりすることもあります。

　病虫害対策は、一つの方法だけではなく、複数の方法を組み合わせて行うことになります。なによりも病虫害に対する最も有効な対策は、環境整備や適切な管理により健全にバラを育てることです。以下にポイントをまとめました。

病虫害対策のポイント
- 強健な品種を選ぶ
- 日当りのよい場所（できれば全日、日光が当たる場所）に植える
- 風通しのよい、開けた場所に植える
- 耐寒力を高めるために適正な剪定を行い、太枝を維持して、できるだけ枝枯れをさせない
- 枝の更新と土壌の改良をはかり、株を老化させない
- 施肥は必要量を守り、特に窒素過多に気をつけ、枝を軟弱に育てない
- 植え床を清潔に保つ（枯れ葉、花がらを落とさない。雑草を放置しない）
- 生育期間中、特に夏期は頻繁に株を点検し、病気が発生した葉などはこまめに取り去る。特に雨後は注意する
- マルチングをして土からの病原菌の跳ね上がりをおさえる

　これらを踏まえて管理を行うと、モダンローズでも強健な品種であれば、週1回の忌避剤や微生物活性剤の散布などと、害虫を捕殺する程度で、元気にバラを育てられるでしょう。

日常の管理

バラを健康に育てるためには、病虫害を極力少なくおさえ、的確な剪定による枝の更新や適度な施肥など、これまで紹介してきたことが重要になってきますが、日常の管理としては、株周りを清潔に保つことが基本になります。

地植えの場合
こまめな除草
手ぐわなどを使い、雑草を取り除きます。なるべく根を残さないようていねいに取ると、次の雑草の発生が遅くなります。

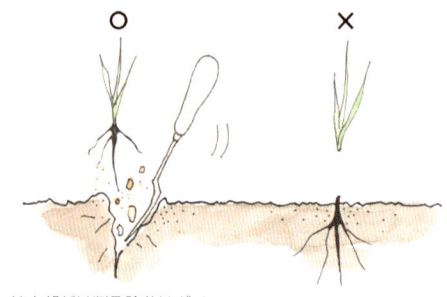

地上部だけ削る除草はダメ

株周りの清掃
株周りの落ちた枯れ葉や病葉、花弁などはきれいにひろい清掃しましょう。

落ちた花弁はカビたりすることもあるので、きれいにひろう

こまめな病葉の除去
病気が広がらないように、特に黒星病の病葉はきれいに取り除きましょう。

発生初期なら病斑が出た葉だけ部分的に取り除く

枯葉、枯れ枝の除去

黄色や茶色になった葉や枯れ枝は、再び緑に戻ることはありません。生育を阻害するので、その都度きれいに取り除きましょう。

鉢植えの場合

基本は地植えの場合と同じです。

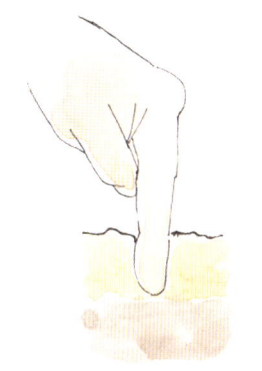

水やりは表土が乾いたら鉢底から水が出るまでたっぷりと与える

指で軽く土を掘り、乾いているか確認しましょう。常にべちゃべちゃに土が濡れている状態は根腐れの原因になります。メリハリのある水やりが大切です。

第一関節くらいの深さを掘って乾いているか確認

表土が固まらないよう注意する

水やりを繰り返しているうちに、表土がだんだん固まってきたり土が減ってきたりするので、必要に応じて中耕や用土を足すとよいでしょう。

ハス口は下を向けて、株元にしっかりとかける

必要に応じた鉢増し

鉢の中で根が詰まっているようであれば、応急処置で根鉢を崩さないよう一回り大きな鉢に植え替える鉢増しを行いましょう。これはあくまでも応急処置なので、春先に改めて根洗いなどを行い、しっかり植え替える必要があります。

摘蕾

摘蕾とは、つぼみを咲かせずに摘み取ることをいいます。

一般的には、大輪のハイブリッド・ティー系は中心のつぼみだけ咲かせることにより品種本来の大輪が楽しめ、その他の房咲き種はそのまま全てのつぼみを咲かせます。

また、購入したばかりの株や弱っている株は、つぼみを全て摘み取ることで、開花に養分を使わずにすみ、樹勢をつける手助けになります。

ハイブリッド・ティー系の場合

中心のつぼみだけ残して、脇のつぼみは小豆大になるまでに付け根から摘み取ります。こうすることにより養分が分散するのを防ぎ、大輪の花を楽しむことができます。

フロリバンダ系の場合

　中心のつぼみを小豆大になるころに摘み取ると、他のつぼみが咲きそろい、中心の花が周りの花に挟まれて窮屈にならず、伸びやかな花房が楽しめます。中心のつぼみを摘み取らない場合は、中心のつぼみから順次咲いていきます。咲き終わりにかけて退色が美しい品種は、そのグラデーションも魅力です。

植え付けたばかりの株や弱っている株の場合

　ハサミを使わず、手でつぼみだけを摘み続け、花を咲かせないようにします。できれば、その年は最後までつぼみを摘み続けた方が生育には有利ですが、どうしても花を見たい場合は、秋花だけなら、咲かせてもよいでしょう。

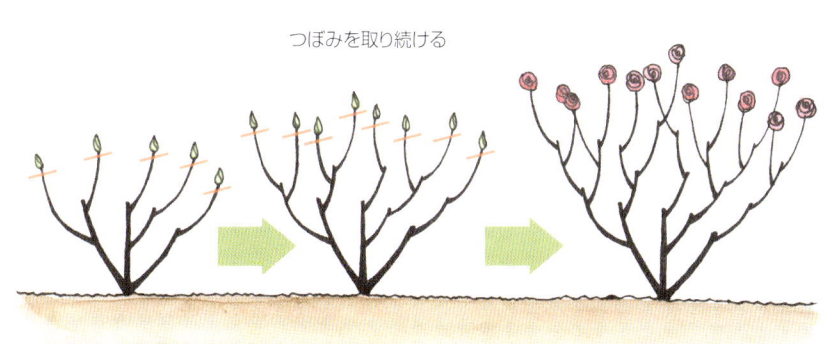

つぼみを取り続ける

どうしても花を見たい場合は秋花だけ咲かせる

花がら切り

　花がら切りとは、咲き終わり傷んできた花を切ることをいいます。

　繰り返し咲く品種は、一番花の花がらをそのまま放っておいても、いずれ下の芽が伸びてきて再び花をつけます。しかし、枝の先端に花がついていると次の花芽が動き出すまでに時間がかかるうえ、結実に養分を取られるので、花も小さくなってしまいます。

　そのため、繰り返し咲き性のものを確実に生育期間に3回咲かせ、結実に養分を回さないためにも、花がら切りを確実に行う必要があるのです。

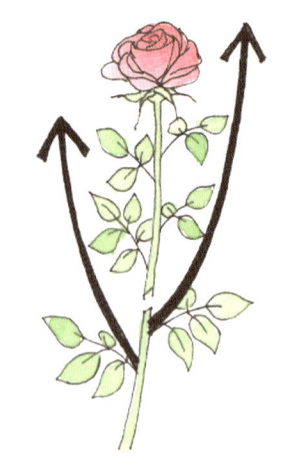

花がらを切り、残した一番上の芽と品種によっては次の芽が伸びて開花する

深く切ると強く、浅く切ると優しい枝が出る

　繰り返し咲き性のものは、基本的には一番上か、上から2段目の5枚葉の上が切り位置になりますが、品種や生育によって加減をします。ハイブリッド・ティー系では、3枚葉がかなり下の方まで続き、5枚葉がないような場合もあ

花がらを切らなかった場合

結実に養分を取られるので花が小さく、開花するまで時間がかかる

花がらを切った場合

結実に養分を取られない分、花が大きく咲く

ります。この場合は、葉数よりも枝の太さを見て、3枚葉の適当なところで切り戻します。

　植えてまだ年数が浅いものや葉が少なく樹勢が弱いものは、少しでも葉数を確保しておくために、3枚葉の上やいちばん上の5枚葉の上で浅めに切ります。逆に葉が多く茂り樹勢が旺盛なものは、2段目の5枚葉よりさらに下で切ることもあります。浅めに上部で切った場合は、芽出しが早く次の開花が早まり、逆に深く下部で切った場合は、芽出しが遅くなり次の開花までに時間がかかります。

　また、大輪を楽しむようなハイブリッド・ティー系などは太枝を出させるために深めに切り、優しい枝を出させるシュラブ系などは浅めに切る傾向にあります。残した茎の、最上部の葉の付け根から芽が伸びて次の花をつけるので、伸びる芽が他の枝と重ならないように、芽の伸びる方向を意識して切ります。

ブッシュローズ
2番目の5枚葉の上で切り、しっかりした枝を出す

シュラブローズ
1番目の5枚葉または3枚葉の上でもよい

　また、この時期つぼみをつけなかったブラインド枝があれば、太枝は花がら切りと同様の位置で切りもどし、細く弱い枝は風通しが悪くなるので枝ごと切り去ります。

　なお、繰り返し咲きのつるバラなどは、いちばん上の5枚葉の上で切り、秋のヒップを鑑賞する原種類やオールドローズ、一季咲きのつるバラなどは、花がらを切らないでそのままにしておき、傷んだ花弁だけを落とし清掃します。

シュートの処理

ブッシュローズのシュート処理

　株を老化させないためには、新しい枝と古い枝を更新していくことが重要です。新しく出たシュートは今後数年間、多くの花をつける宝物のような枝であることは前述してきました。

　水分を多く含んだシュートが、北海道の厳しい冬を乗り越えられるほど堅く充実した枝になるには、かなりの期間を要します。気温の低下の早い北海道では、枝が充実する前に冬を迎えると、凍害を受けて枝元まで黒く枯れてしまいます。シュートが発生し始めたら注意して見守り、適度な高さで先端を止め、秋までの間十分に太らせ、確実に越冬する枝に育てる必要があります。

　シュートの発生は、気温が上がる6月中旬ごろから多くなります。シュートは成長が非常に早く、数日目を離しているうちに、あっという間にたくさんの脇枝を伸ばし、その各枝につぼみをつけます。今後の基枝にするのが目的なので、長く脇枝が伸びる前に枝の先端を切り、開花させないで枝を充実させます。今後の芽数をできるだけ多く確保するために、できるだけ伸ばしてから先端を止めるのが理想です。

　水分を多く含み、枝やトゲがやわらかいので、指で摘み取ることもできます。つぼみが大きくなる前に、先端の3枚葉または5枚葉の上で摘み取ります。

　なかには、あまり伸びないうちに脇枝を伸ばしてくる品種もあります。その場合は下の脇枝2本だけを残し、中心部を切り去ります。この場合は、残した2本の枝が開花枝の基枝になります。

　品種にもよりますが、シュートを止める時期は、道央では遅くても8月中旬

素直に伸びたシュートは先端を止め、脇枝が多く出た場合は下の長い2本の枝だけを残し、中心の枝は切る

ごろまでには枝先を止める必要があります。そのとき、まだ短く未熟なものや、その後発生してくるものは、越冬が難しく養分を消費してしまうので、付け根から取り去ります。

一季咲きのオールドローズやシュラブローズなどの耐寒性が強いものは、枝の耐凍性が強いので、そのままにしておいても凍害を受けることなく越冬します。しかし、植えたばかりのものや、寒さが厳しい地域では、モダンローズと同様に夏の終わりに枝先を止めておいた方が無難でしょう。

また、比較的短期間で枝が充実する、枝の伸びが短いポリアンサ系やフロリバンダ系、シュラブローズなどは、シュートをそのまま咲かせることができる品種もあります。

つるバラのシュート処理

つるバラは、ブッシュローズとはシュートの出方が異なります。ブッシュローズでは、株元の地際から伸びるシュート（ベーサルシュート）が対象になりますが、つるバラはこのベーサルシュートの他に、すでに伸びている枝の途中から勢いよく伸びる枝もシュート（サイドシュート）として扱います。どちらも翌年からの開花の基となる枝になるので、大切に扱いましょう。

つるバラのシュートは、開花後から盛夏にかけてどんどん伸びます。

数多くシュートが発生した場合は、全てを残すのではなく、覆いたい構造物をカバーできる枝数を見極めます。枝数が多くて枝が混み合うと、病害が発生しやすくなり養分も浪費してしまいます。シュートの発生が多い場合は、適正な枝数を見極め、必要としない枝は随時枝元から切り去ります。

シュートを間引くことによって、残されたシュートに養分が集中してさらに伸びます。シュートはできるだけ曲げないで垂直に誘引しておけばより長く伸ばすことができます。

シュートは支柱などに誘引してまっすぐに立てると、よく伸びる

ただし、購入したばかりの株は枝数、長さともまだ十分ではないので、全てのシュートを残し、各シュートを上方に誘引して枝をできるだけ伸ばすようにします。

シュートの処理は各品種の耐寒性により異なり、耐寒性の強い一季咲きのランブラー系では、道央以南ではそのままの状態でも枝元まで枯れ込むことはないので、枝先を止めなくてもよいですが、植えつけたばかりの株は1年目だけは枝先を止めておいた方が無難です。耐寒性のやや弱い繰り返し咲き性のクライマー系などは、ブッシュローズと同様に8月の中旬ごろか遅くても8月下旬までには枝先を止めましょう。

耐寒性の強い半つる性のシュラブローズやコルデシーなどは、特別な処理をしなくてもシュートは凍害を受けることなく越冬します。

台芽の処理

モダンローズなど多くの品種は、ノイバラなどの台木に接いだ接ぎ木苗が多いので、シュートと同様に、場合によっては同じ地際から台木の芽も伸びてくることがあります。この台木からの台芽をそのまま放置しておくと、養分を吸収して地上部の本来のバラが乗っ取られ、いつの間にか買ったときと違う白い小花が咲くようになった、などということになってしまいます。

台芽は緑が薄く、葉色は艶があまりなく、葉の縁がノコギリの刃のようにギザギザになっており、モダンローズの赤みを帯びて太いシュートとは明らかに異なるので判断ができます。

台芽は見つけ次第、付け根まで土を掘り、もとから完全にかき取ります。

遅くなってからかき取ると、切り口が大きくなり、病原菌が侵入する恐れがあるので早めに取り去りましょう。その場合は、ゆ合剤や木酢液などを塗っておくと安全です。

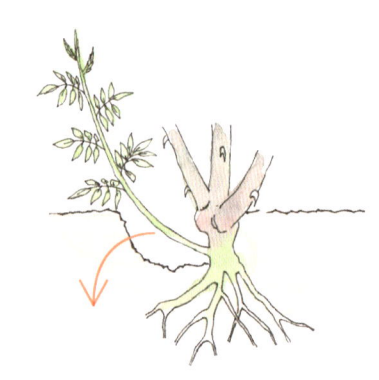

途中で切れるとまた出てくるので、しっかり付け根からかき取る

バラの夏越し

高温期にどれだけバラを弱らせずに夏越しできるかが、その後の生育に影響します。そのポイントを紹介します。

できるだけ弱らせないポイント

まだたくさん咲いていると思っても、秋花のためには早めに花を切ったほうがいい

　北海道は、日中30℃以上の真夏日であっても、夜間の最低気温が25℃以上になる熱帯夜になることはあまりありません。しかし、本州に比べてバラの栽培にとって恵まれているとはいえ、春から秋までの生育期間のなかで最も気温が高くなる7月下旬から8月の下旬ごろまでは、バラにとって過酷な季節になります。

　繰り返し咲きの種類では最後の秋花の開花のため、さらに翌年以降の生育のためには、この夏の時期になるべく生育を弱らせずに管理することが重要になります。

　弱らせないで夏越しさせるための主な注意点は以下の通りです。

施肥を控える

　高温期には生育を一時休止するので、肥料は与えません。過度に肥料が効いている場合は不必要なつぼみやシュートを生み出して株が軟弱になり、病気の発生も多くなってしまいます。

水やりは午前中の早めに

　地植えの場合、マルチングを施している株は、基本的に水やりの必要はありません。マルチングをせず、よほど日照りが続いた場合には必要になりますが、その場合は午前中に葉や周囲の水気が乾いてしまうように、できるだけ早朝に水やりをします。早朝に行えるなら、葉水も可能です。

風通しをよくする

　夏の高温期にあまりに茎葉が生い茂って風通しが悪い状態になっていると、高温と蒸れにより各種の病害が発生しやすくなります。各枝に日が当たるよう意識して、株中の込み合った細枝、枯れ枝などを整理します。細枝がない場合は日が当たらない内側の葉を取るだけでもよいでしょう。強健な原種類やシュラブローズなどは枝抜きをしなくても問題なく生育します。

早めの花がら切り、株の内側の不要な細枝の除去、遅れているつぼみやブラインド枝は5枚葉まで切り戻す

秋花に向けた早めの夏花の処理

　繰り返し咲き性のブッシュローズなどは、6月下旬から7月上旬に開花した一番花を切った後、二番花（夏花）が8月上旬から中旬に開花します。気温が高いこともあり、この時期の花は小さく、香りも少なくなります。開花による株の消耗を少なくし、見応えのある秋花を楽しむためには、早めに二番花を切りましょう。気温が低下してくると開花までの時間が長くなるので、北海道では8月中旬から下旬には、つぼみであっても花がら切りの要領で切っておくと確実に秋花を楽しめます。

病気の早期発見と処置

　夏の高温期はシーズンでいちばん病気が発生する時期です。病気の予防や早期発見・早期防除に努めます。この時期に病気が広がると、次々と落葉し秋花や翌年の生育に影響します。毎日観察して病害に侵された葉や地面に落ちた葉などをこまめに取り去ります。病害が広がっているようなら、適した殺菌剤を散布しましょう。

越冬

　育てているバラの種類、生育状態、地域によって、冬囲いの方法は異なるものの、冬囲い前の下準備となる作業は、種類や地域にかかわらずほぼ変わりません。できるだけ凍害の被害を少なく、また今年発生した病虫害を翌年に持ち越さないためにも、しっかり下準備をしたいものです。

ハマナシの紅葉

　北海道では冬の訪れが早く、思いのほか早く根雪になる年もあるので、余裕をもって早めに済ませておいた方がよいでしょう。

越冬前の作業

切り戻し

　越冬前に切り戻しを行うかどうかは、育てているバラの種類や地域によって異なり、凍害を受けないのであれば、この時期に枝を切り戻す必要はありません。

　積雪面から出た枝が毎年凍害を受けるものや、春に強剪定を行うブッシュローズは、積雪面から出る枝をあらかじめ切りそろえておくとよいでしょう。冬囲いの作業も楽に行えます。しかし、枝を切ることで翌年以降の芽数が減るということは頭に入れておいてください。

　積雪面から出る枝をムシロや防風ネットなどで保護し、凍害を回避できるのであれば、できるだけ枝を切らないで越冬させた方が、翌年からの生育には有利になります。厳寒地で株を倒して越冬させたり、つるバラや鉢植えを倒して雪中で越冬させる場合、自然樹形をいかす場合も切り戻しは必要ありません。ただし、花がらやつぼみがついている場合はその部分だけを切り去ります。

葉むしり

　バラは落葉樹なので、寒さを感じると落葉します。しかし、モダンローズのなかには、なかなか自力で寒さを感じて落葉しないものも多く、その場合は、休眠を促すために強制的に葉をむしることになります。また、葉をそのままにして越冬させると、病原菌を翌年に持ち越すことになるので、特に耐病性の弱

いモダンローズなどは、越冬前に全ての葉を取り去った方がよいでしょう。

　ハサミで切らずに、手で葉を下の方に引っ張って、葉柄の基部から全て取り去ります。株元に落ちている葉もきれいに清掃します。

　耐病性が強い原種類やオールドローズ、シュラブローズ、一季咲きのランブラーローズなどは、大きく育っていて枝数や葉数が多い場合はそのままにしておき、雪解け後に落ちた葉を清掃しましょう。

葉むしりは、手箕（てみ）などを置いて行うと清掃が楽

薬剤散布

　その年に病虫害が多く発生した株は、翌年に持ち越さないためにも休眠期に消毒し、翌年の早春、芽が伸びる前にもう一度散布すると効果的です。

　薬剤は、殺菌剤と、マシン油か殺虫殺菌剤を規定倍率に希釈したものなどを、枝全体にしっかり散布します。化学農薬を使用したくない場合は、自然由来の忌避剤や微生物活性剤を散布します。

越冬対策の実際

　北海道が、バラが無事に越冬できるかできないかの微妙な気候帯であることは前述しました（P14参照）。同じ種類でも、越冬前の株の生育状態によって被害の状況が異なります。また、積雪の状態や風当たりも、大きな影響を及ぼすことがあるので、そのバラが本来持っている耐寒性だけでなく、生育状況やその年の気候を考慮して冬越しの方法を選択する必要があります。バラを何から守りたいのかという目的別に越冬対策を施しましょう。

越冬対策の種類
①寒さからの保護

　寒さが厳しく積雪が期待できない地域での栽培では、寒さからの保護が必要になります。一番の保温材は雪です。ムシロなどは保温効果が期待できないので、雪が少ない場合は土で覆うか、掘り上げて室内で保護する方法がありま

す。しかし、室内に毎年取り込むのは大変なので、なるべく地植えのままでの越冬を目指すことになります。

土で覆う

　わい性のものや枝がしなるつるバラは、土を盛って株ごと土やチップで覆ってしまうのが最も安全です。また、強剪定しても影響なく開花する種類は、土盛りでおさまる部分まで枝を切り戻すことにより、同様の方法が可能になります。

筒状に覆い、中に詰め物をする

　積雪が少ない地域で株を立たせたまま枝を保護するには、筒状に巻物をして株をすっぽりと覆い、その中にピートモスやバークチップ、もみがらなどを詰める方法が効果的です。しかし、大量の詰めものが必要になり手間もかかるため、個人の庭では難しいかもしれません。

株倒し法

　昔から行われていた手法ですが、かなり根を切ることになるので、植えて1～2年の根があまり広く張っていない株に有効です。

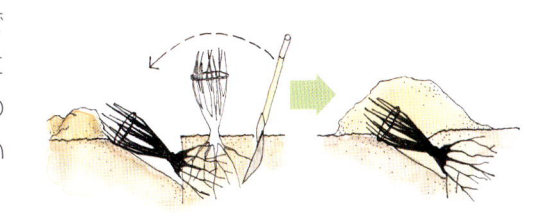

　株元から30cmほど離れたところを斜めに掘り、株の反対側にスコップを入れて掘った穴に倒し込みます。倒した株の上に掘った土と、足りなければよそから運んだ土をかけてすっぽりと覆います。春先、気温が上がってきたら、新しい芽が出る前に早めに株を起こします。

ミネソタ手法

　カナダなどの少雪寒冷地で行われている方法です。根を切らずに、ジワッと枝をゆっくり折らないように倒し、その上にチップを盛って覆う方

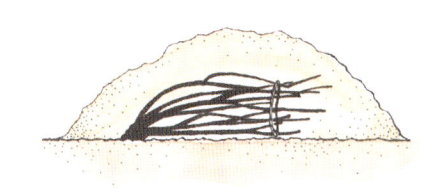

法です。この方法は、比較的枝がやわらかいシュラブローズなどが対象になりますが、大量の資材が必要になります。

② **積雪からの保護**

　積雪の多い地域では、雪による枝折れを防ぐために支柱が必要となります。ツツジなど低木類の囲いと同様で、枝を結束した後に、しっかりと支柱を設置します。根雪が遅いことが予想される場合は、株元にチップや土を盛っておくとよいでしょう。豪雪地域では晒竹や鋼管竹、場合によっては焼き丸太などを使います。わい性で、枝がしなやかな品種は囲いを施さずそのまま雪の下にした方が枝折れの心配がない場合もあります。積雪面から頭が出るほど大きな株は株の結束のみでもよいでしょう。

③ **風からの保護**

　耐寒性に問題がなくても、寒風によって枝の水分が奪われ、枝枯れが起きる場合があります。支柱の上からコモやPP袋などで囲います。豪雪地域では、春先に雪の中で蒸れるのを回避するため、防風ネットがおすすめです。

寒風害が心配な場合は巻きものをして保護する

つるバラと鉢バラの場合

つるバラの越冬

　つるバラは、その用途から、凍害にあわずにどれだけ長い枝を確保できるかということが重要になります。積雪地ではブッシュやシュラブローズの枝は雪の下になるので、根雪の期間は雪の保温効果で凍害を回避できますが、つるバラはその長い枝が積雪面より上に出て、より過酷な状態になります。そのため、本来の樹形をつくり元気に育てるには、より強い耐寒性が求められます。

[植え付けから2～3年までの株]

　他のバラと同様に、つるバラも苗を植え付けてから2～3年の期間が、その後の生育を左右します。植え付け後の2年ほどはあまり剪定を行わず、枝を伸ばし、葉を多く茂らせることが、その後の生育に有利になります。

可能であれば、苗を購入した最初の冬は地植えせずに鉢で育て、つくり込むのが理想です。鉢であれば、晩秋に鉢を倒して寝かせるだけで手間もかからず、枝も容易に越冬させることができます。

　2年目、3年目は、可能な限り構造物から降ろして寝かせ、完全に雪の下になるようにして越冬させるのがよいでしょう。雪が少ない地域は土をかけるなどして保護します。

枝が完全に寝ない場合は、コンテナや土のう袋を株元にかませて枕にする

[大きく育った株]
　大株に育ち、構造物からはずせない場合は、フェンスやアーチに誘引したまま越冬させますが、寒風害が心配な場合は防風ネットなどを巻いて保護します。

大きく育った株

鉢バラの越冬

　鉢植え栽培は、根が制限され、さらに乾き気味にすることにより、地植えよりも休眠への移行が早まります。しっかり休眠した枝は凍害にあうリスクが減り、無事越冬しやすくなります。

　11月中旬から下旬ごろに、雨水が入らないように鉢ごと横倒しにして鉢の土を乾かします。カラカラに乾いた状態でも、屋外に置いた場合は自然の温度差による結露で、鉢中の土はほどよい湿り気が保たれ根が乾くことはありません。

　庭がある場合は、鉢ごと庭に横倒しにして越冬させます。積雪地ではそのままでも問題ありませんが、少雪地や厳寒地では地面に穴を掘り、根鉢の部分が地面より下になるように鉢を横倒しにします。水がたまらないように、掘り上げた土をかけておきます。

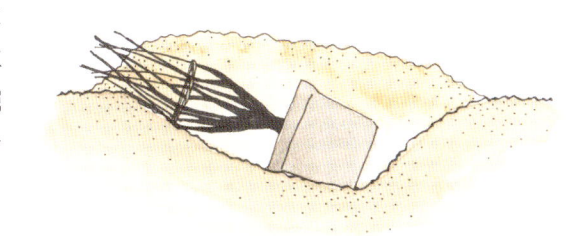

雪が少ない場合の鉢バラの越冬

バラの増殖

購入したバラを育てるだけではなく、増殖をして楽しむのも園芸の醍醐味です。バラの増殖には大きく二つの方法があります。それぞれのメリットとデメリット、その方法のポイントをご紹介します。

種子繁殖

他の植物と同様にバラも種子から育てることができ、そのような方法を「実生」といいます。

毎年発表される新品種は、厳密に計画的に選ばれた母株（種子親）と父株（花粉親）を交配させた実生苗から、何年もかけて選ばれたもので、数万本の実生苗から1本生まれるかどうかというほど途方もない作業です。しかし、交配技術のない古い時代には、原種やオールドローズの実を食べた鳥のフンから生まれた実生苗を選抜したり、現在、銘花とされているガーデン用の品種には、アマチュアの交配から生まれたものもあります。趣味で試しに交配をしてみるのも、思わぬ特性を持った個体が出てくる可能性があり、おもしろいかもしれません。

正確に交配を行うには、交配に使う花粉を取り、目的の雌しべの柱頭に受粉させ他の花粉がつかないように袋かけをします。しかし、趣味で楽しむ分には、同時期に咲いた花をこすり合わせるだけでもよく、特に原種類やオールドローズなどでは自然についた実を利用するだけでも十分でしょう。繰り返し咲き性のバラは一番花の花がらを取らずにつけておき、秋に熟した種子を採取します。

バラは実生から開花までが早く、発芽した苗が10〜20cmに伸びたら初花を見ることができます。

表7 種子繁殖のメリットとデメリット

メリット	デメリット
・栄養繁殖に比べて生育が旺盛で、樹形が整う ・サッカー（地下茎の一部が地上に現れた子株、吸枝のこと）の発生が期待できる ・個体変異が期待できる ・ウイルスを引き継がない	・園芸品種は形質が劣る ・どんな個体が出るかわからない

は種のポイント

・低温処理をしてから、は種をします。（手順3参照）

は種の手順

手順1

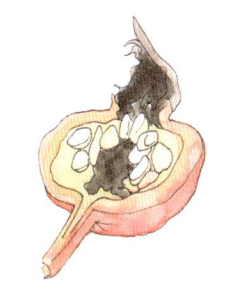

中の種子を傷つけないように、熟した果実をカッターなどで切断し、ていねいに種子を取り出します。

手順2

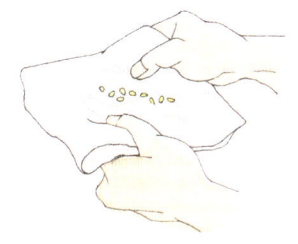

果肉は発芽を抑制する役割を持っているので、ガーゼなどで種子をもんで、種子の周りについた果肉をきれいに取り去ります。

手順3

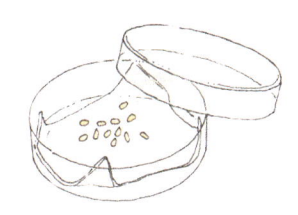

冷蔵庫（5℃）で最低2カ月ほど低温に当てます。乾燥させると発芽しなくなるので、水を含ませたコットンなどに種子を並べ、シャーレなどに入れた状態で冷蔵庫内で保存します。

手順4

は種用土は、赤玉の小粒か、バーミキュライトとパーライトを半々に混ぜたものなどを使い、鉢底から1/3は湿らせた水苔を入れておくのも効果的です。

タネをまいたら軽く用土をかけます（覆土）。

18〜25℃程度の暖かい室内に置き、鉢の底が水に浸かるよう受け皿に水をため（腰水）、下から水を吸わせるようにします。

発芽するまでは、乾燥しないようにポリ袋で覆い、強い光が当たらないように新聞紙をかけておきます。

2〜3週間で発芽してくるので、発芽したら新聞紙とポリ袋を取り、腰水を

やめ、日当たりのよい場所に移動します。表土が乾いてきたら水やりをします。

本葉が出てきたら、1本ずつ小さなポットに培養土を使って移植します。

栄養繁殖

栄養繁殖とは、根、茎、葉などの器官から植物を繁殖させることで、クローンをつくる方法です。

営利的なバラの苗木の増殖の多くは接ぎ木ですが、趣味で簡単に増殖するには挿し木や取り木、株分けなどがあります。自根が出にくいハイブリッド・ティー系などは挿し木に適しませんが、原種や野生種に近いシュラブローズやオールドローズ、強健なフロリバンダ系やポリアンサ系などは、挿し木苗でも十分に楽しむことができます。

ただし、品種登録された植物は「種苗法」という法律で、品種登録から30年（2023年3月現在）は、出願者の育成者権が守られていて、勝手に増やすことができません。登録から31年以上経過した品種は、自由に増やして楽しむことができます。

ここでは、比較的容易に行える挿し木について詳しく解説します。

表8 挿し木のメリットとデメリット

メリット	デメリット
・比較的容易に行える ・変異枝を固定できる（増やしたい個体と同じ性質の個体を得られる）	・自根で育つものだけが対象になる

挿し木のポイント

・当年枝の見極めが大切。
・緑枝挿しと休眠挿しがあり、品種によって向き不向きがある。

挿し木の手順

手順1

緑枝挿しは7月中旬から8月中旬ごろに行い、新しく伸びた枝の固まった部分を使います。ブラインド枝などは避け、開花枝になる枝を選びます。太す

使用部分

ぎる枝は発根しにくいので、太くても鉛筆ぐらいまでの太さを選びます。品種にもよりますが、いちばん上の5枚葉から下、4節くらいの部分を使います。

手順2

　切った穂木は、土に入る部分の下2節の葉を取り、葉が大きい場合は、蒸散を防ぐために葉の一部を切り取って葉面積を小さくします。よく切れる切り出しナイフで、ためらわずに一気に行いましょう。まず、①のように切り、次に②のように浅く削ぎ落とします。切り出した穂木はすぐに水に浸けます。

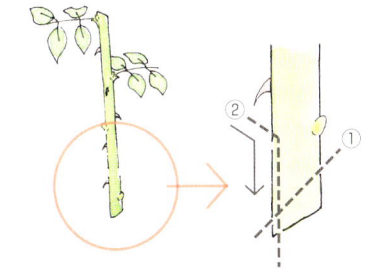

手順3

　調整した穂木は品種ごとに新聞紙でひとまとめに束ね、最低でも1〜2時間しっかり吸水させます。

吸水させている状態

手順4

　用土は微粉を取り除いた赤玉土やバーミキュライトなど清潔な用土を使います。切り口に発根促進剤をつけ、箸などで穴を開けながら、下の2節が土に入るように挿します。
　たっぷりと水やりして、家の北側などの日陰で管理します。

切り口がつぶれないように注意する

手順5

　発根は早いもので2週間程度で始まります。根が3〜5cmほど伸びたころ鉢上げを行い、日当たりのよい場所で管理します。

発根したら鉢上げする

　冬は暖房がきいていない凍らない程度の室内か、雪につぶされないよう工夫して屋外で越冬させます。春になったら地植えするか鉢増しを行います。

第3章　バラの育て方　バラの増殖

系統早見表

用途別に耐寒性や樹形からどの系統を選べばよいか、一目でわかる早見表

用途 \ 樹形のタイプ	タイプA a	タイプA b	タイプA c	タイプA d	タイプB a	タイプB b	タイプB c	タイプB d	タイプC a	タイプC b	タイプC c	タイプC d
コンテナ栽培	S	Fl, Min, S	Fl, Min, S						S, HSpn	Pol, Min	Pol, Min, HSpn, S	
花壇前側	S	Fl, Min, S	Fl, Min, S		HT, Gr, HP	HT, Gr, HP	HT, Gr, HP		S, HSpn	Pol, HSpn, S	Pol, Min, HSpn, S	
花壇中側					HT, Gr, HP	HT, Gr, HP	HT, Gr, HP					
花壇背景					HT, Gr, HP	HT, Gr, HP	HT, Gr, HP					
のり面・下垂									S, HSpn	Pol, Min, Fl	Pol, Min, HSpn, S, Fl	
グランドカバー									S, HSpn	Pol, Min, Fl	Pol, Min, HSpn, S, Fl	
小型のつる（小型のアーチ、トレリス、オベリスク、小壁面）												
中型のつる（アーチ、フェンス、パーゴラ、壁面）												
大型のつる（大型のアーチ、長いフェンス、パーゴラ、大壁面）												

栽培エリア（詳しくは p.18〜20 参照）
a：雪が少なく寒さが厳しい地域（耐寒性最強）
b：雪が多く寒さが厳しい地域（耐寒性強）
c：雪が多く寒さはそれほど厳しくない地域（耐寒性中）
d：雪が少なく温暖な地域（耐寒性弱）

ピンク字：繰り返し咲き
黒字：主に一季咲き
文字の濃さ：薄い色は品種によっては凍害を受ける

す。系統選びに活用してください。

	タイプD				タイプE				タイプF				タイプG			
	a	b	c	d	a	b	c	d	a	b	c	d	a	b	c	d
		G, HRg, HMoy, K														
	p, C, HSpn, S	Sp, B, C, HSpn, M, P, S														
		B, M, P														
		G, HRg, HMoy, K			A, D, HRg, K, HMoy,											
	Sp, C, HSpn, S	Sp, B, C, HSpn, M, P, S			Sp, HSpn, S	Sp, B, HSpn, HP, M, P, HMsk, Pol, S, N										
		B, M, P			B, HP, M, P, Pol, HMsk, N											
		G, HRg, HMoy, K			A, D, HRg, K, HMoy,											
	Sp, C, HSpn, S	Sp, B, C, M, P, HSpn, S			Sp, HSpn, S	Sp, B, HSpn, HP, M, P, HMsk, Pol, S, N										
					B, HP, M, P, Pol, HMsk, N											
								K				Sp, R		Sp, R	
						Sp		Sp, B, HP, LCl, N, HMsk							
								B, N, HP, LCl, HMsk							
												Sp, R		Sp, R	

系統の略号

p：原種　A：アルバ　B：ブルボン　C：ケンティフォリア　D：ダマスク　G：ガリカ　K：コルデシー
1：モス　N：ノワゼット　P：ポートランド　R：ランブラー　S：シュラブ　Pol：ポリアンサ　Min：ミニチュア
Cl：ラージフラワードクライマー　HRg：ハイブリッド・ルゴサ　HMsk：ハイブリッド・ムスク
P：ハイブリッド・パーペチュアル　HMoy：ハイブリッド・モエシー　HSpn：ハイブリッド・スピノシッシマ
T：ハイブリッド・ティー　Fl：フロリバンダ　Gr：グランディフローラ

本書に出てくる用語解説

——— あ ———

秋花
秋の時期に咲く花のこと。北海道では9月の下旬ごろから楽しめる

アメリカバラ協会（ARS）
→ P22 へ

育種
生物を遺伝子的に改良すること。野生のバラや園芸品種間の交配により新しい品種を生み出すこと

一番花
その年はじめて咲く花のこと

一季咲き
一年に一度だけ花を咲かせる性質のこと

ウォータースペース
コンテナの縁から表土までの空間

枝変わり
同じ株に突然変異で現れた、花色や花形が異なる枝

枝抜き
→ P124 へ

塩基飽和度 P97
陽イオン交換容量（CEC）に対して、石灰、苦土、カリが占めている割合を示したもの

——— か ———

カップ咲き
→ P58 へ

休眠
植物の成長が停止すること

強健性
性質の強さのこと

強剪定
剪定の際、枝先の枝を長く切り取ること

切り詰め
→ P124、126 へ

切り戻し
伸びた枝を切ること

クォーターロゼット咲き
花弁がたくさん重なり、花の中央が4分割され花芯から放射状に広がる咲き方のこと

クライマー（系）
ラージ・フラワード・クライマー系やブッシュローズの枝変わりなど、強い枝を直線的に伸ばすタイプのつるバラの総称

繰り返し咲き（性）
春の一番花後にも、脇枝が伸び何度も開花する性質のこと

原種
品種改良される前の、本来の遺伝子的性質を持った野生のままの種のこと

原種交雑種
原種が他の種と交雑し生まれた種のこと

剣弁高芯咲き
花弁の端が反り返り、花の中心がせり上がるように咲く咲き方のこと

高芯咲き
→ P58 へ

腰水
→ P179 へ

——— さ ———

（品種の）作出
新しい品種をつくり出すこと

酸度（pH）
酸としての強さの程度を示す値で、pH（水素イオン指数）で表され、0（酸性）〜7（中性）〜14（アルカリ性）となる

自根苗
→ P112 へ

自然交雑種
人工的に交配してつくり出したものではなく、自然に他の種や品種と交配し生まれた種のこと

弱剪定
剪定の際、枝先の枝を短く切り取ること

シュート
→ P73 へ

シュラブ型
→ P44 へ

側芽
葉の付け根や、幹や茎の途中から出る芽のこと

——— た ———

耐陰性
日陰に耐える強さのこと

堆肥
→ P99 へ

大輪つるバラ（系）
花径が大きなつるバラのこと。クライマー系を指す

団粒構造
→ P87 へ

中耕
→ P110 へ

頂芽
枝の先端にある芽のこと

頂芽優勢
→ P77 へ

長尺苗
→ P111 へ

直立性
枝が垂直に立つような性質のこと

接ぎ木苗
→ P112 へ

つる型
→ P44 へ

抵抗性台木
耐病性が強い性質の台木のこと

照葉
→ P145 へ

凍害
冬期間に寒さで凍ったために被害を受けること

当年枝
→ P126 へ

土壌灌注
薬剤などを土の中にしみこませて効果を発揮させる処置のこと

土壌硬度
土壌の硬さの度合いのこと

――― な ―――

根鉢
植物を鉢から抜いたり、花壇から掘り上げたときに見られる、根と土がひとかたまりになった部分

根回し
木を移植するにあたり、事前に太い根の一部を切り細い根を出させる方法のこと

――― は ―――

ハーディネスゾーン
→ P14 へ

鉢上げ
実生苗や挿し木苗などを苗床や育苗箱から鉢に移植すること

鉢増し
→ P163 へ

花がら切り
→ P166 へ

半つる性
つるバラまでは伸びないものの、長めの枝を伸ばす性質のこと

肥培
肥料を与えて育てること

平咲き
→ P58 へ

覆土
→ P179 へ

腐食
→ P87 へ

ブッシュ型
→ P44 へ

ブラインド枝
→ P135 へ

穂木
挿し木や接ぎ木に使う枝のこと。挿し穂や接ぎ穂ともいう

ボタンアイ
ロゼット咲きの花芯の花弁が内側に巻き込みボタンのようになること

保肥力
→ P96

土が養分をとどめる力のこと。陽イオン交換容量（CEC）のこと

ほふく茎（ストロン）
植物の根元から発生し、地上近くを這って伸びる茎のこと

――― ま ―――

実生
→ P178 へ

水決め
→ P123 へ

水鉢
→ P117 へ

芽かき
→ P135 へ

基枝
→ P126 へ

――― や ―――

誘引
→ P137 へ

陽イオン交換容量（CEC）
→ P97 へ

――― ら ―――

レイズドベッド
→ P94 へ

連作障害
→ P106 へ

ロゼット咲き
花弁がたくさん重なり、花芯から放射状に広がる咲き方のこと

――― わ ―――

わい性種
成熟しても樹高が低い性質の種類のこと

付録 本書に出てくる用語解説

●参考文献／参考URL

北海道のバラづくり（工藤敏博、北海道新聞社）

北海道の庭づくり（川村展之、北海道新聞社）

まちづくりのための北のガーデニングボランティアハンドブック（札幌市公園緑化協会、北海道大学出版会）

土と施肥の新知識（全国肥料商連合会）

新版図解　土壌の基礎知識（藤原俊六郎、農山漁村文化協会）

堆肥のつくり方・使い方（藤原俊六郎、農山漁村文化協会）

気象庁ホームページ
http://www.jma.go.jp/

ヤンマーホームページ
https://www.yanmar.com/jp/

Help Me Find
http://www.helpmefind.com/rose/plants.php

●協力／写真提供

株式会社アボック社（神奈川県鎌倉市）
http://www.aboc.co.jp/

イコロの森（苫小牧市）
http://www.ikor-no-mori.com

いわみざわ公園バラ園（岩見沢市）
http://www.iwamizawa-park.com

気象庁 気象研究所気候研究部（茨城県つくば市）
http://www.mri-jma.go.jp/Dep/cl/

「空の庭」Ku's Garden（真狩村）
http://www.nonohana-family.or.jp/garden/kus_garden.html

石川瑞季（岩見沢市・いわみざわ公園バラ園）

工藤邸（札幌市）

白井邸（岩見沢市）

高橋邸（岩見沢市）

高橋由香（京都府）

滝沢邸（江別市）

藤田邸（岩見沢市）

山崎邸（札幌市）

著者 石渡杏奈 いしわた・あんな

1983年、北海道旭川市生まれ。北海道東海大学芸術工学部建築学科を卒業。2008年から工藤敏博氏に師事しバラの栽培を学ぶ。2011年からいわみざわ公園バラ園でのバラの栽培管理担当を経て、2016年から古舘杏奈の名前でガーデンデザインやバラの栽培指導、講習会などを行っている。

監修 工藤敏博 くどう・としひろ

1955年札幌市生まれ。元札幌市百合が原公園管理事務所長。2012年からイコロの森代表。道内各地でガーデンプランニングやバラ栽培に関する指導、講習を行っている。著書に「北海道のバラづくり」（北海道新聞社）

●本書とあわせて読みたい北海道新聞社の本●　　　　　　　　　　2023年3月末現在

北海道で育てる宿根草

北村真弓、髙林初著
監修 工藤敏博
本体価格 1800円＋税
A5判　256ページ　ISBN978-4-89453-819-1

北海道の庭で育てるのに適した宿根草（多年草）を多数掲載し、一年草や球根、花木の知識を実践的でわかりやすく解説。育て方の基礎知識や寒冷地にあった品種、植栽デザインのポイント、土壌の管理なども紹介。北海道の気候に適した植物で構成し、元気でいきいきとした北国の素敵な庭づくりを提案。北海道のガーデナーにとって必読の1冊。

北海道の庭づくり

川村展之編著
本体価格 1900円＋税
A5判　280ページ　ISBN978-4-89453-648-7

寒冷地特有の難しさがある北海道の庭づくり。北海道の風土に適した200以上の「樹木」「宿根草」「一年草」「球根植物」を紹介。気候の特徴と基礎知識をしっかりとふまえ、剪定・タネまき・株分けなどのノウハウをわかりやすく解説。ためになるヒントがいっぱい。

カバー・扉写真など　川尻亮一
イラスト・写真　　　石渡杏奈
ブックデザイン・DTP　株式会社アイワード DTP グループ

北海道で育てるバラ

2016 年 3 月 19 日　初版第 1 刷発行
2023 年 4 月 12 日　初版第 2 刷発行

著　者　石渡杏奈
発行者　近藤　浩
発行所　北海道新聞社
　　　　〒 060-8711 札幌市中央区大通西 3 丁目 6
　　　　出版センター（編集）TEL 011-210-5742
　　　　　　　　　　（営業）TEL 011-210-5744
　　　　http://www.shop.hokkaido-np.co.jp/book/
印刷・製本　株式会社アイワード

落丁・乱丁本は出版センター（営業）にご連絡下さい。お取り換えいたします。
©Ishiwata anna 2016 Printed in Japan
ISBN978-4-89453-818-4